북한의 역사 2 —— 주체사상과 유일체제 1960~1994

초판 6쇄 발행 2021년 1월 11일
초판 1쇄 발행 2011년 10월 10일

지은이 이종석
기획 역사문제연구소
펴낸이 정순구
책임편집 정윤경
기획편집 조수정 조원식
마케팅 황주영

출력 (주)한국커뮤니케이션
용지 한서지업사
인쇄 한영문화사
제본 한영제책사

펴낸곳 (주) 역사비평사
등록 제300-2007-139호 (2007. 9. 20)
주소 10497 경기도 고양시 덕양구 화중로 100, 506호(화정동 비전타워21)
전화 02-741-6123~5
팩스 02-741-6126
홈페이지 www.yukbi.com
이메일 yukbi88@naver.com

© 이종석, 역사문제연구소 2011

ISBN 978-89-7696-326-0 04910
       978-89-7696-320-8 (세트)

북한의 역사 2
― 주체사상과 유일체제 1960~1994

이종석 지음 | 역사문제연구소 기획

20世紀
韓國史
SERIES

역사비평사

'20세기 한국사'를 펴내며

'20세기 한국사' 시리즈는 지난 한 세기 동안 한국 사회가 겪었던 다양한 경험을 독자들에게 정확하게 전달하는 데 일차적인 목적을 둔 역사 교양서이다. 이 시리즈는 식민지, 해방과 분단, 전쟁, 독재와 경제성장, 민주화로 요약되는 20세기 한국사의 큰 흐름을 시기별, 주제별로 나누어 해당 분야에서 탁월한 연구성과를 남긴 전문 연구자들이 집필했다. 시리즈 각권은 필자 자신의 관점을 내세우기보다는 학계의 연구성과를 바탕으로 역사적 사실을 대중의 눈높이에 맞춰 서술하는 데 중점을 두었다. 역사적 사실을 객관적이고 공정하게 기술하여 가장 믿을 만한 역사책을 만들기 위해 노력했고, 역사적 사실을 해석하고 평가하는 일은 독자의 몫으로 남겨두었다. 이 시리즈가 왜곡된 역사적 사실을 바로잡아 있는 그대로 전달함으로써 독자 스스로 20세기 한국사를 해석하고, 이를 통해 건강한 역사의식을 가진 시민사회를 만들어가는 데 조금이나마 이바지하기를 기대한다.

역사문제연구소가 역사 교양서 '20세기 한국사' 시리즈를 발간할 수 있었던 것은 전적으로 김남홍 선생의 후원 덕분이다. 본인이 원치 않아 아쉽게도 선생에 대한 소개를 할 수 없지만, "우리 후손들에게 과거의 역사가 사실대로 알려지기를 바라는 나의 평소 소망을 담은 책"을 써달라는 선생의 간곡한 부탁만은 발간사를 빌려 밝혀둔다. 이 시리즈 발간을 통해 선생의 뜻 깊은 소망이 이루어지길 기원한다.

　　더불어 시리즈 발간 작업을 총괄해온 역사문제연구소 연구원 문영주, 배경식, 은정태 선생과 시리즈 간행을 흔쾌히 허락해주신 역사비평사 김백일 사장께도 깊은 사의를 표한다. 끝으로 '20세기 한국사' 시리즈 출간에 애써주셨던 고 방기중 소장께 고마움과 그리운 마음을 전한다.

역사문제연구소 소장
정태헌

위기의 북한사회, 역사와 현실을 돌아본다

| 1 |

북한의 역사를 서술한다는 것은 쉬운 일이 아니다. 무엇보다도 자료의
한계 때문에 역사의 전 면모를 서술하기 어렵다. 무릇 한 국가의 역사를
제대로 서술하려면 정치·경제·사회·문화 등을 망라해야 하며, 시대의 진
정한 주체라 할 수 있는 사람들—즉 '민중', '인민', '서민'의 삶이 드러나
야 한다. 이런 서술이 가능하려면 지배자나 기득권의 언술과 인민의 숨소
리가 함께 그려져야 한다. 그런데 북한의 경우 지배자의 언어는 넘쳐나지
만 인민의 애환을 있는 그대로 들여다볼 수 있는 자료는 찾기 어렵다.
객관적인 역사 서술에 필요한 자료의 불균형이 극심한 것이다.

북한의 최근 상황에 대해서는 탈북자들의 증언을 통해 자료의 불균형을
어느 정도 극복할 여지가 생겼지만, 이 책의 서술 범위인 1960~94년까지
에 대해서는 그 혜택을 보기도 어렵다. 따라서 우리는 이 시기 북한 역사를
서술하면서 지배 집단의 언어와 당국의 공식 통계 등에 대부분 의존해야

하는 부담에서 벗어나기 어렵다. 이 부담 때문에 기존 자료들을 통해서라도 사람들의 사실적인 삶에 접근해보려고 여러 방법을 동원해보지만, 북한의 공식 자료들에서 주민들의 삶의 진상을 찾아내는 것은 매우 어려운 일이다. 그것은 북한의 역사 상황에 대한 일정한 지식을 가지고 공식 자료들의 행간에 드러나는 '진실'을 읽어내는 독해법을 익혀야 그나마 어느 정도 가능하다. 그 경우에도 온전하게 사회·문화적 영역까지 포괄한 역사 서술은 사실상 불가능하고, 정치경제 중심의 서술 정도가 웬만큼 가능하다. 이 책 역시 그런 한계를 지녔음을 미리 밝히지 않을 수 없다.

북한 역사를 서술하는 건 그다지 즐거운 일도 아니다. 매 시기 북한 역사를 서술하면서 그 시기가 오늘의 북한 체제 위기에 미친 영향을 의식할 수밖에 없기 때문이다. 역사는 다양한 세력들이 사회 발전을 둘러싸고 길항하면서 역동성을 띠게 마련인데, 북한 역사를 보면 시간이 갈수록 그 역동성이 약화되었다. 대신 지도자의 전방위적 권력 투사가 북한 역사를 특징지었다. 이런 현상이 누적되어 비민주성과 비효율성의 올가미에 갇힌 오늘의 북한 체제가 형성되었다고 본다. 필자는 『조선로동당 연구』(역사비평사, 1995)를 펴내면서, 유일체제와 주체사상의 비효율성과 비민주성을 지적하고 그것이 북한 체제 위기의 근본 원인이라 진단했다. 꽤 오랜 시간이 흐른 지금도 그 생각엔 변함이 없다. 때문에 필자는 북한 역사를 그 시대 상황과 관점에 입각해 서술하면서도 다른 한편 그 시대가 오늘날 북한의 모습을 형성하는 데 미친 영향을 의식할 수밖에 없었다.

『북한의 역사』 제2권인 이 책이 다루는 기간은 사회주의 건설이 본격화되는 1960년대부터 김일성이 사망하는 1994년까지이다. 필자는 이 기간을 4단계로 구분했다. 1~3단계의 시작은 대체로 10년 단위로 열린 조선노동당 제4·5·6차 대회를 기준으로 삼았으며, 김일성 사망과 김정일 시대의 출범이 이루어진 1990년대를 4단계로 설정했다. 각각의 단계는 북한사회의 전개 과정에서 시대적 획을 그을 만한 고유한 특징을 지녔다.

1장은 1960년대에 해당한다. 이 시기는 북한이 대외 자주 노선과 자립경제의 모토를 내세우며 자신의 정체성을 분명히 하는 한편, 대내적으로 사회주의 건설을 본격화하면서 관련 경제 방식을 개발하고 사회주의 제도를 공고화한 시기였다. 정치적으로 주체사상을 내세우고 김일성 절대권력을 유일체제 수준으로 공고화한 시기이기도 하다. 1960년대는 오늘의 북한 체제가 형성되는 씨앗이 뿌려진 시기였다.

2장은 1970년대의 북한을 서술했다. 이 시기 북한에서는 경제난 극복을 위한 다양한 시도와 각종 대중운동이 활발했다. 그러나 한편 수령의 영도라는 정치적 논리가 경제의 합리성을 압도하고, 수령이 만든 사상이 물질적 욕구를 지배할 수 있다는 주관주의가 만연했다. 이 현상은 전체 사회의 유일체제화라 표현할 수 있는데, 이를 주도한 것은 후계자 김정일이었다.

3장은 1980년대부터 1990년대 초반에 대해 서술했다. 수령 김일성과 후계자 김정일의 공동 통치가 시작된 이 시기에는 대내외적 위기가 한꺼

번에 도래했다. 대내적으로 북한 매체들은 후계자 김정일을 찬양하면서 그가 지도한 경제 분야의 '성공'을 대대적으로 선전했지만, 실제로는 이전 시대에 누적되어온 모순을 극복하지 못하고 오히려 경제적 저발전 현상이 고착되고 있었다. 대외적으로는 1980년대 말에 밀어닥친 사회주의 진영의 붕괴로 인해 정치·외교·경제·대남 방면에서 극도의 고립에 처하게 되었다. 북한 지도부는 이 위기에 대응하여 부분적으로 외교적 탄력성을 보였으나 사회 발전 전략에서는 여전히 주관주의적 관점을 고집함으로써 전환기의 도전에 효과적으로 대처하지 못했다.

4장은 1990년대 초반부터 1994년 7월 김일성 사망까지의 시기를 포괄하되, 김정일 체제 출범을 전후한 북한 상황을 보완적으로 서술했다. 그런데 이 시기는 김일성 사망을 경계로 두부모 자르듯 획분할 수 없다. 당시 북한의 위기는 김일성 사망과 관계없이 가중되고 있었고, 그 위기에 대한 대처 방식은 진행형이었다. 이런 점을 고려해 일부 서술은 김정일 체제가 공식 등장하는 1998년까지 포괄했다. 1990년대의 북한은 1980년대부터 심화된 대내외적 위기가 거의 절정에 다다른 시기였다. 그런 가운데 김일성이 사망하고 김정일 시대가 개막했으며, 김정일 정권은 군사국가화를 통해 위기를 극복하고자 했다.

5장은 결론에 해당하는 부분으로, 북한 사회주의 침체의 원인을 생각해보았다. 질풍노도처럼 달려온 북한사회를 침체와 비효율로 가득 찬 현재의 역사 공간으로 이끈 요소들은 무엇인가? 필자는 그 대답으로 유일체제,

극단적인 개인숭배 담론들, 주관주의적 자주성 테제, 정치 우선 사고 등을 들었다. 결국 북한 역사 전개의 기둥이 되어왔던 주체사상과 유일체제의 형성이 역설적으로 위기의 북한사회를 만들어낸 것이다.

한편 북한 역사를 이해하기 위해 독자들이 꼭 알 필요가 있지만 역사 서술로 적합지 않다고 판단되는 주제들은 스페셜 테마에 담았다. 예컨대 개인숭배나 주체사상, 유일체제 등의 개념·내용··배경 등이나 조선노동당과 근로단체, 북한 주민의 의식구조 등이다.

| 3 |

끝으로 북한 역사와 지도자의 역할에 대해 생각해본다. 북한은 최고지도자를 핵심으로 하는 동심원적 구심력이 작용하는 나라이다. 그 결과 북한에서는 역사상 존재했던 어떤 정치 형태보다도 지도자의 역할이 강조되었다. 그러다 보니 많은 이들이 지도자에 대한 평가를 곧 북한사회에 대한 평가로 등치시키기도 한다. 실제로 북한의 지도자를 이해하고 평가하는 일은 북한의 역사와 현실을 제대로 보기 위한 전제가 된다.

그런데 북한의 지도자 김정일에 대한 서방의 평가는 매우 부정적이다. 어떤 이들은 김정일이 북한 주민의 굶주림을 통치 수단으로 삼는다고까지 말한다. 그러나 북한과 같은 극단적인 개인숭배 체제에서는 '전지전능'하다고 선전되는 '수령'이 인민의 하루 세끼 밥을 보장하지 못한다면 그 자체로 중대한 체제 동요 요인이 된다. 따라서 김정일이야말로 북한 주민의 굶주림에 대해 가장 위기의식을 느끼는 위치에 있다고 보아야 한다. 실제로 이를 증명하는 자료들도 꽤 있다.

김일성 사망 직후 북한의 새로운 지도자인 김정일에 대한 서방의 이해는 천박하기 그지없었다. 포악한 성격과 국제정세에 무지한 폐쇄성, 즉흥성 등 그는 지도자로서 결격사유가 너무나 많은 인물로 묘사되었으며, 전문가라는 이들조차 대부분 그가 지도하는 북한은 수년 내에 붕괴할 것이라고 예상했다. 그러나 시간이 지나면서 김정일은 국제정세에 비교적 밝고 상당한 식견과 지도력을 갖추었으며 북한 체제를 카리스마적으로 지배하고 있다는 사실이 밝혀졌다. 이렇듯 서방 전문가들이 김정일 이해에 실패한 것은, 북한에 대한 실사구시적 연구 없이 자기들이 보고 싶은 북한의 상을 스스로 만들어서 그것을 진실인 양 믿었기 때문이다.

김정일에 대한 반대의 편향도 있다. 김정일 개인의 식견이나 지도력 등을 북한 체제의 현실이나 역사와 관련짓지 않고 일방적으로 높이 평가하는 견해다. 그것 역시 위험한 평가라고 본다. 김정일은 단순한 학자나 서방식의 다양한 정치가 중의 한 사람이 아니다. 그는 지난 수십 년 동안 북한 역사에 결정적인 영향을 미쳐온 절대권력자이다. 좀처럼 미래가 보이지 않는 경제적 침체와 저발전, 반민주로 점철된 오늘의 북한사회를 그의 지도력과 떼어놓고 볼 수는 없다.

결국 북한의 지도자를 평가할 때 그가 지닌 개인적인 성격과 소양, 국정

장악력 등을 사실에 기초해서 객관적으로 분석하는 것도 중요하다. 그러나 더욱 중요한 것은 이런 객관적 분석 위에 그가 이끌어온 지난 시기의 북한 역사와 그 결과로서 존재하는 현재의 북한사회 모습을 연결시켜서 그를 평가해야 한다는 점이다. 그래야 우리는 지도자와 대중이 얽혀 만들어낸 북한의 역사와 현실을 좀 더 객관적으로 볼 수 있을 것이다.

02 김정일 후계 체제의 등장과 유일체제의 확립

01

북한의 1960년대는 사회주의 건설이 본격화되면
서 그것을 뒷받침하기 위해 새로운 사회주의적 대중 지도 방식과
경제 관리 체계가 나타나고 자립적 민족경제의 구호가 소리높이 제창
되기 시작한 시기였다. 정치사회적으로는 대외적 긴장 속에서 주체사상이
대두되고 개인숭배와 사회의 군사화 경향이 가속화되었다.

1960년대에 들어서면서 북한을 둘러싼 국제환경과 남북관계의 긴장이 높아지
기 시작했다. 사회주의 진영 내부에서는 북한의 동맹국들이자 사회주의 양대 강
국이었던 중국과 소련의 갈등이 심화되었으며, 그 과정에서 북한도 1960년대 초
에는 소련과 갈등하고, 1960년대 후반에는 중국과 격렬하게 대립했다. 남한에서

주체 노선의 고창과
유일체제의 대두

는 5·16 군사쿠데타가 발생하고, 이를 계기로 미국과 남한, 일본을 잇는 새로운 정치·경제·군사적 협력 체제가 모색되면서 남북긴장이 고조되었다. 이런 위기 상황에 대처하여 북한 지도부는 주체 노선과 주체사상을 제창하고 전체 사회의 군사화를 추진했으며, 그 과정에서 김일성에 대한 개인숭배 캠페인을 광범하게 전개했다.

다른 한편 1960년대 북한사회에서는 과다한 군사비 지출과 사회 체계의 동원화로 인해 경제 발전 지체 현상이 나타나기 시작했다. 북한 지도부는 전체 예산의 30% 이상을 국방비에 쓸 정도로 군비 증강에 힘을 쏟았고, 모든 사회 조직들을 전시에 즉각 활용할 수 있는 동원 체계로 전환시키는 데 성공했지만, 대신 경제를 지속적으로 발전시키는 데는 실패했다.

김일성 권력의 공고화와 사회주의 제도의 확립

북한의 1960년대는 조선노동당 제4차 대회와 함께 개막되었다. 대회는 1961년 9월 11일부터 8일간에 걸쳐 열렸으며 '승리자의 대회'로 명명되었다. 이 명명은 북한이 전후에 폐허가 된 경제를 성공적으로 복구하고 농업협동화 등 경제에서 사회주의 개조를 달성했다는 스스로의 평가에서 비롯된 것이었다. 대회는 1950년대 후반에 있었던 사회주의 개조와 1차 5개년 계획의 추진이 성공적이었다고 평가하고, 7개년 계획이라는 새로운 전망을 제시했다.

정치적으로 조선노동당 제4차 대회는 김일성 단일 권력 체제가 당내 권력구조에 제도적으로 반영되는 계기가 되었다. 김일성은 1956년에 발생한 '8월 전원회의 사건'에서 자신의 당 운영과 정책 노선에 반기를 든 반대 세력과 대립하면서 중국과 소련의 개입으로 한때 정치적 위기에 처하기도 했지만, 이후 전세를 역전시켜 반대파를 숙청하며 권력을 강화시켜왔다. 그 결과 4차 대회가 열렸을 무렵, 그의 위상은 절대권력자로 부각되고 있었다. 대회 토론자들은 하나같이 5년 전에 열린 3차 당 대회 이후 기간의 성과를 "김일성 동지를 수반으로 하는 당 중앙위원회의 현명한 영도" 덕분으로 돌리고, 그동안 전개된 '반종파투쟁'은 당 대열의 통일을 확고히 한 계기였다고 평가했다. 아울러 토론자들은 조선노동당이 김일성의 일제하 항일유격투쟁을 이어받았다는 의미에서 "항일 빨치산의 빛나는 혁명전통을 계승"했다고 주장했다.

김일성 단일 권력 체제의 제도화는 당 지도부 구성에 그대로 반영되어,

조선노동당 제4차 대회

1961년 9월 11일부터 8일 동안 개최된 조선노동당 제4차 대회는 김일성 단일 권력 체제가 당내 권력구조에 제도적으로 반영되는 분기점이었다. 8월 전원회의 사건 이후 당내의 연안파, 소련파 인사들은 급속하게 몰락했고, 4차 당 대회에서 그 자리를 대신 채운 것은 김일성과 항일무장투쟁을 함께 했던 인물들이었다. 이제 북한 정치의 장에서는 단 한 명의 지도자를 향한 일방적 구심력만이 작용하게 된 것이었다.

4차 당 대회에서 김일성과 항일무장투쟁을 함께 전개했던 인물들이 대거 당의 핵심부로 부상했다. 반면 3차 당 대회 때까지만 해도 당 중앙위원회 내에 상당한 비율을 차지했던 연안파와 소련파 인사들은 완벽하게 몰락해 버렸다. 4차 당 대회에서 선출된 85명의 중앙위원회 위원 가운데 연안파 는 일찍이 김일성 계열에 합류한 김창만·하앙천·김창덕 정도였으며, 소련 파 한인은 김일성의 신임을 받고 있던 남일 한 사람뿐이었다. 반면 항일무 장투쟁 관련 인사들은 37명에 달했다. 당의 핵심 지도부를 구성하는 5명 의 중앙위원회 부위원장 중 4명, 11명의 정치위원 중 6명이 그들이었다. 당 규약도 개정되어 조선노동당을 "항일무장투쟁의 영광스러운 혁명전통 의 직접적인 계승자"로 규정했다.

이렇듯 조선노동당 4차 대회는 대회 진행 과정과 새로운 지도부 구성을 통해 김일성 단일 지도 체계가 완벽하게 확립되었다는 것을 보여주었다. 그러나 단일 지도 체계의 확립은 당내에 김일성 비판 세력이 완전히 소멸 했음을 의미함과 동시에, 북한의 정치에서 다원성이 완전히 제거되었음을 뜻하는 일이기도 했다. 이제 북한 정치의 장에서는 한 명의 지도자를 향한 조절 불가능한 일방적인 구심력만이 작용하게 된 것이다.

한편 북한 지도부는 북한사회가 사회주의 개조를 완료하고 사회주의 건설 단계로 옮겨가게 되자, 이에 발맞추어 '청산리방법'과 대안의 사업 체계라는 사회주의적 형식의 새로운 대중 지도 방법과 경제 관리 체계를 고안해냈다. 청산리방법은 1960년 2월 김일성이 평안남도 강서군 청산리 협동농장과 조선노동당 강서군 당 위원회를 현지 지도하는 가운데 만들어 졌다. 이때 김일성은 농업 협동화가 완료된 북한 농촌에서 생산력 발전을 위해 기존의 농업 지도에서 나타난 문제점들을 극복하기 위한 방법을 모색하고 있었다. 그 일환으로 나온 것이 바로 청산리방법이었다.

청산리방법은 대중을 지도하는 방법으로 다음의 사항들을 강조했다. ① 상부기관이 하부기관을 도와주고 상급자가 하급자를 도와서 서로 합심하여 조선노동당의 노선과 정책을 관철해나간다. ② 간부는 늘 현지에 내려가 실정을 깊이 알아보고 문제 해결의 옳은 방도를 세워야 한다. ③ 모든 사업에서 정치 사업, 사람과의 사업을 앞세우고 대중의 자각적 열성과 창발성을 동원하여 혁명 과업을 수행하도록 한다. ④ 지도의 통일성과 구체성을 제대로 보장하여 사업을 추동·발전시켜나가기 위해 일반적 지도와 개별적 지도를 옳게 결합한다. ⑤ 사업을 추진함에 있어서 우선순위를 가려서 하고, 중심 고리에 역량을 집중하여 모든 문제를 풀어나간다. ⑥ 모든 사업을 계획화하여 힘 있게 밀고 나간다.

이 내용을 종합해보면, 청산리방법이란 '상부기관이나 윗사람은 하부기관이나 아랫사람을 도와주고, 늘 현지에 내려가 실정을 깊이 파악하고 문제의 해결 방법을 세우며, 모든 사업에서 정치 사업을 앞세우며, 일반적 지도와 개별적 지도를 올바르게 결합시켜야 한다'는 것이었다. 청산리방법은 농업 분야에서 만들어졌지만 곧 북한사회의 일반적인 대중 지도 방법으로 보편화되었다.

대안의 사업 체계는 1961년 12월 김일성이 평안남도 대안에 있는 전기 공장을 현지 지도하면서 이 공장의 이름을 따서 만든 공업 관리 체계로서, 이후 공산주의적 경제 관리 체계로 선전되면서 보편화되었다. 대안의 사업 체계는 북한사회가 사회주의사회로 변모하면서 지배인이 생산을 비롯

김일성은 1960년 2월 평안남도 강서군 청산리 협동농장과 조선노동당 강서군 당 위원회를 방문하여 현지 지도한 뒤에 노동당 사업의 기본 자세와 방법을 담은 청산리정신과 청산리방법을 제시했다. 청산리 방법은 농업 협동화가 완료된 북한 농촌에서 생산력 발전을 위해 기존 농업 지도에서 나타난 문제점들을 극복하고자 고안해 낸 북한의 대표적인 대중운동 방식이다. 청산리방법은 농업 분야에서 만들어졌지만 곧 북한사회의 일반적인 대중 지도 방법으로 보편화되었다.

한 모든 것을 책임지는 기존의 지배인 유일관리제를 폐지하는 대신, 공장 당 위원회의 집단적 지도를 핵심 내용으로 내세운 관리 체계였다. 북한은 중요산업 국유화와 국가 통제의 계획경제하에서 산업을 관리하면서 1960년대까지 공업에서의 기업 관리 방식으로 지배인 유일관리제를 실시하고 있었다. 그러나 관료주의와 개인 이기주의, 기관 본위주의, 생산에 대한 통일적·집중적 지도 부족, 책임과 권한의 불명확성과 그로 인한 혼란, 자재 공급 부족, 후방공급 사업(국가나 기업소 등이 부식물·연료의 공급, 편의 시설 관리 등 노동자들의 물질문화생활을 충족시키기 위해 하는 활동)의 문제 등으로 인해 생산에서 비효율적인 결과가 초래되자, 이를 극복하기 위한 대안적 방법을 찾아 당 우위의 원칙을 통해 계획과 통제를 확대하는 정책으로 전환했다. 바로 이 정책이 김일성의 대안전기공장 현지 지도를 계기로 새로운 관리 체계로서 모습을 드러냈던 것이다.

대안의 사업 체계의 가장 두드러진 특징은 사업장 안에 조직되어 있는 당 위원회가 그 조직에서 최고의 지도권을 갖는다는 것이었다. 북한 지도부는 지배인 유일관리제 아래에서는 생산에 대한 행정기술적 지도만 있을 뿐 당의 지도를 의미하는 정치적 지도 체계가 없었다고 자기비판하면서, 그 대안으로 최상위에 공장 당 위원회가 있고 그 밑에 공장 당 집행위원회가 있으며 그 아래 지배인과 공장 당 위원장이 위치하는 체계를 만들었다. 이는 경제 관리 운용에서 당의 지도적 역할을 강화하고 생산력 증대를 위해 물질적 자극보다 정치 도덕적 자극을 앞세운다는 것을 의미했다. 그 밖에도 대안의 사업 체계는 종업원들과 노동자가 거주하는 구역의 주민들에게 원활한 후방공급을 하기 위해 공장의 후방공급 부서들을 강화하고, 이를 위해 노동자구역의 후방공급 사업을 유일적으로 조직·지도할 수 있는 노동자구역 경리위원회를 설치했다.

북한 당국은 대안의 사업 체계를 철저하게 관철하기 위해 기업 관리의 정규화와 규범화, 지도기관들의 역할 제고, 지도간부들의 수준 제고 등을 과제로 내걸었다. 1961년 이후 북한 역사에서 경제 관리의 전형이 되어온 대안의 사업 체계에 대해, 북한의 문헌들은 "사회주의 경제 제도의 본성에 맞게 궁리 운영하여 사회주의, 공산주의 경제 건설을 끊임없이 높은 속도로 다그칠 수 있는 가장 우월한 경제 관리 형태"라고 선전해왔다.

그러나 이 방식은 정치 중심으로 사고하는 당이 생산 단위를 장악하는 데서부터 심각한 문제점을 안고 있었다. 즉 생산 현장에서 체질적으로 경제적 합리성보다 정치 논리를 앞세울 수밖에 없는 당 위원회가 생산을 장악한다는 것은, 결과적으로 경제 관리에서 "경제적 계산보다는 정치적 결정을 우선하는" 정치에 의한 경제 지배를 초래할 가능성을 높였던 것이다.

중소분쟁과 주체 노선의 고창

1960년대는 대외적 환경이 북한의 진로에 커다란 영향을 끼친 시기였다. 이 시기에 북한은 시차를 두고 중·소와 대립하면서 사회주의 건설과 국가 노선에서 자기 색깔을 가지기 시작했다. 대외적으로 자주 노선을 천명하고 사상적으로 주체사상을 제창한 것이 대표적인 사례라고 할 수 있다.

국제 공산 진영에서는 1960년대 초부터 소련과 중국이 격렬하게 대립하기 시작했다. 중소분쟁은 1960년대 내내 계속되면서 북한의 외교 노선에 중요한 영향을 미쳤다. 중국과 소련이 갈등하기 시작한 것은 1950년대 말부터였다. 갈등의 씨앗은 1956년 2월에 있었던 소련공산당 제20차 대회에서 뿌려졌다. 소련공산당은 제20차 대회를 통해 자본주의 진영과의 평화공존을 주장하고, 자본주의에서 사회주의로의 평화적 이행이 가능하다는 입장을 천명하는 한편, 스탈린 개인숭배를 비판했다. 중국은 초기에는 속내를 드러내지 않았지만, 이런 소련의 태도를 내심 매우 불쾌하게 생각하고 있었다. 그러다가 1959년 8월과 10월 두 차례에 걸쳐 발생한 중국과 인도의 무력 충돌 사태를 맞아 소련 정부가 공식적으로 중립을 표방하면서도 실제로는 인도 측을 두둔한 것을 계기로 양국의 갈등이 본격화되기 시작했다.

중소갈등이 표면에 드러나기 시작한 것은 1960년에 들어서였다. 이때 중국의 선전 매체들은 자본주의가 존재하는 한 전쟁의 위험성은 남아 있다며 소련의 입장을 수정주의로 간주하여 비판했다. 소련공산당은 중국공산당이 '교조적으로 제국주의를 침략적이라고만 보고 또 다른 전쟁으로부터 인류를 구하기 위해 새로운 요인들을 이용할 필요가 있음을 깨닫지 못하고 있는 사람들'이라고 비판했다. 이렇게 시작된 논쟁은 곧 평화공존이나 평화적 이행 문제뿐만 아니라 점차 스탈린 개인숭배 비판, 프롤레타리아독재 문제 등 거의 모든 이론과 실천 영역으로 확산되었다. 소련공산당에 대한 중국공산당의 비판의 초점은 '수정주의'였으며, 거꾸로 소련공산당은 중국공산당을 '교조주의'라고 비판했다.

북한은 이 분쟁에 대해 1950년대 말까지 공식 반응을 보이지 않았지만, 1960년대에 들어서면서 분명하게 중국공산당의 입장을 지지하기 시작했다. 조선노동당은 1961년 2월 소련공산당과 불화·갈등을 겪고 있던 알바니아노동당의 제4차 대회에 대표단을 파견하고, 그해 4월에는 알바니아 정부대표단을 초청함으로써 서서히 반소련의 입장을 나타내기 시작했다. 알바니아 정부대표단을 초청할 때까지만 해도 북한은 공개적으로 소련을 반대하고 중국을 지지하는 발언을 하지는 않았다. 김일성 수상은 1961년 여름 소련과 중국을 방문하여 두 나라와 각각 군사동맹을 맺는다는 내용을 포함한 '우호협조 및 호상원조에 관한 조약'을 체결하는 등, 실리 중심의 외교를 전개하며 중립적인 입장을 취하기도 했다.

그러나 1962년에 들어서면서 북한은 공공연하게 중국의 입장을 지지하며 소련을 비판하기 시작했다. 『로동신문』은 1962년 봄부터 소련을 완곡하게 비판했으며, 그해 여름에는 사회주의 국제분업을 위해 1949년에 창설된 상호경제원조회의(CMEA: Comecon)를 전체 사회주의 정치경제의 중심체로 재편하려는 소련의 시도에 대해 자립적 민족경제를 내세우며 중국·베트남 등과 함께 분명한 거부의사를 밝혔다.

북한과 소련의 관계는 1962년 가을에 발생한 일련의 사건들로부터 영향을 받으면서 크게 악화되었다. 먼저 10월에 쿠바 사태가 일어났다. 쿠바 사태는 소련이 핵탄두 장착이 가능한 중거리 미사일을 쿠바에 배치하자 미국이 이에 강력히 대응하면서 발생했는데, 미국이 쿠바를 침략하지 않는다는 조건으로 소련이 미사일을 철수시킴으로써 일단락되었다. 그러나 중국과 북한 등은 소련의 태도를 투항주의로 간주하고 국내에서 대규모 반미 시위를 조직하는 등 미·소 합의에 비판적인 태도를 취했다. 설상가상으로 비슷한 시기인 1962년 10~11월에 중·인 국경전쟁이 발생했다. 이 전쟁에서 소련은 공개적으로는 과거처럼 중립적인 태도를 취했지만, 이미 1962년 8월에 인도에 미그기 공장을 건립하기로 하는 합의서를 조인하는 등 사실상 인도의 편에 섰다. 반면 북한은 중·인 국경전쟁이 일어나자 즉각 중국을 지지하고 인도를 격렬하게 비난했다.

이런 사건들로 인해 북한은 소련이 추구하는 평화공존 노선의 실체를 의심하게 되었고, 결과적으로 중국과의 관계를 더욱 긴밀하게 가져갔다. 1962년 가을부터 1964년 10월까지 북한과 소련의 관계는 양국 간에 단 한 차례의 정부대표단 방문도 없을 정도로 극도로 악화되었다. 반면 북한과 중국 사이에는 각종 교류와 연대가 활발하게 이루어졌다. 1962년 10월에는 저우언라이가 국경조약 체결과 무역 문제 협의를 위해 평양을 비공식 방문했고, 김일성도 1963년 5월 중소분쟁 문제를 협의하기 위해 베이징을 비공식 방문했다. 이 시기에 조선노동당은 동유럽 여러 나라의 공산당대회에 참가하여 당시 소련공산당의 영향 아래 있던 유럽 공산당들이 중국공산당을 집중적으로 공격한 데 대한 반론을 제기하며 중국공산당을 두둔했다.

북한의 소련에 대한 직접적인 비판은 1963년과 1964년에 집중되었다. 비판의 초점은 소련 지도부의 '수정주의적 경향'과 '분열주의적 책동', '고압적 자세', '과거 개인숭배 비판을 강요하며 각국 내정에 간섭했던 대국주의적 태도', '사회주의적 국제분업을 일방적으로 강요하고 자립적

소련공산당 서기장 흐루시초프

흐루시초프는 1956년 2월에 열린 소련공산당 제20차 대회에서 스탈린의 개인숭배를 맹렬하게 비판하면서 김일성에게도 개인숭배 비판을 강요했다. 북한 지도부는 1960년대에 들어서면서 내정에 간섭하려는 소련을 반비판하면서 자율성 확보와 독자적 외교 노선을 확립하고자 했으며, 흐루시초프의 평화공존론도 반대하면서 소련과의 사이가 악화되었다. 하지만 1964년 흐루시초프가 실각하고 브레즈네프가 집권하면서 북한과 소련의 관계는 점차 개선되었다.

민족경제 노선을 중상하며 제국주의나 하는 비방을 늘어놓는 행위' 등에 맞추어졌다. 북한이 소련을 비판하는 목적은 명백했다. 그것은 군사 및 경제 원조나 개인숭배 비판 등을 통해 북한 내정에 끊임없이 간섭하려는 소련에 대해 자율성을 확보하고, 나아가 독자적인 외교 노선을 확립하기 위함이었다. 이런 북한의 목적은 1964년 10월 김일성에게 개인숭배 비판을 강요했던 소련공산당의 최고지도자 흐루시초프가 실각하면서 달성되었다.

흐루시초프의 실각을 계기로 북한과 소련의 관계는 복원되기 시작했다. 1964년 11월, 조선노동당은 10월혁명 40주년 기념행사를 맞아 내각 제1부수상 김일을 단장으로 하는 대표단을 소련에 파견했고, 이들은 모스크바에서 새로 집권한 브레즈네프 당 중앙위원회 제1서기와 코시킨 내각 수상을 면담했다. 이어서 1965년 2월에는 코시킨 수상이 군사·경제 분야 고위 관계자들을 대동하고 북한을 방문했다. 북한과 소련의 관계가 정상화된 것이다. 그러나 이때 복원된 양국의 관계는 1950년대와는 달리 북한의 자주 노선이 인정된 어느 정도 대등한 관계였다.

유격대 국가로의 길—항일유격대식 삶을 지향하다

북한 지도부는 1960년대 초부터 유일 지도자 김일성의 항일유격투쟁을 신화화하고, 북한 주민들에게 유격대식 삶을 본받아야 할 행동 교본으로 널리 선전하면서, 북한사회를 유격대식 사회로 전환시켜나갔다. 유격대식 사회는 항일유격대처럼 사고하고 행동하며 유격대식 윤리를 가지고 살 것을 요구한다는 점에서 훗날 확립되는 김일성 유일체제의 사회문화적 기반이라 할 수 있는데, 1960년대 초부터 본격화된 광범한 대중 학습을 통해 그 기틀을 다졌다. 이때의 학습은 최고지도자인 수령과 대중 사이에 공통의 정서영역을 만들어냄으로써 1960년대 중·후반부터 강조된 수령에 대한 무조건적인 충실성을 대중이 사회적 담화로 받아들일 수 있는 바탕이 되었다.

당시 학습에서 교재로 가장 많이 사용된 것은 『항일 빨치산 참가자들의 회상기』와 김일성 저작들이었다. 특히 1959년부터 연속 발간되기 시작한 12권의 『항일 빨치산 참가자들의 회상기』는 최고의 학습 교재였다. 각 생산 단위에서는 이 회상기 학습을 위해 학습조나 연구 토론회, 감상 모임 등을 조직하여 주제별로 장기간 학습-발표-토론의 순환 과정을 반복했다.

이런 학습을 통해 항일유격대는 혁명전통의 담지자로서, 공산주의자의 전형으로서 대중 속에 각인되었다. 그리고 그 과정에서 대중은 『회상기』에 나타난 유격대원들의 공산주의적 풍모를 체득하여 현실에서 구현할 것을 요구받았다. 그 결과 대중은 항일유격대처럼 살기 위해 회상기 속의 유격대 속으로 빨려들어갔으며, 그들의 삶은 점차 '현실'과 '유격대생활'이 혼숙混宿하는 이른바 '유격대식 삶'으로 변화되었다.

유격대식 삶 속에서 『항일 빨치산 참가자들의 회상기』는 곧장 북한 주민들의 생산을 독려하는 중요한 기제로 활용되었다. 다음의 글은 이 점을 잘 보여준다.

하루는 이런 일이 있었다. 이날도 나는 당적 위임(당의 위임—인용자)을 받고 목조형 탑식 기중기를 만들고 있었다. 그런데 공구가 충분하지 못한 데다가 활차를 비롯해 필요한 자재마저 걸려 속이 타도록 돌아치다 보니 하루해가 어느덧 거의 저물어갔다. 그대로 퇴근하기에는 당적 양심이 허용하지 않았다. 아침에 『로동신문』에 실린 「룡당나루」를 읽은 것이 삼삼히 떠올랐다. '과연 항일 빨치산들은 혁명 과업을 맡고 없다고 주저앉거나 물러선 적이 있었던가?' 이렇게 나는 자기를 꾸짖고 반성하였다. 나는 되돌아서 일손을 잡았다. (…) 작업을 마치고 나니 밤은 자정이 넘었다. 그러나 이 하루도 혁명투사들의 고귀한 정신으로 살았다는 긍지로 하여 기쁨과 새 힘이 솟구쳤다.

　　　　　　　　—「회상기는 나의 생활의 거울」, 『로동신문』 1962. 12. 2.

　이렇듯 대중은 학습을 통해 공산주의적 도덕성을 그 전형인 항일유격대원을 매개로 받아들였다. 그리고 최고지도자인 수령에 대한 절대적인 이미지도 함께 형성되었다. 이렇게 해서 회상기가 대중의 삶의 일부로 전체 사회에 공유되고, 회상기의 내용이 중요한 사회적 담화로 자리 잡은 '유격대 국가'가 탄생한 것이다.

　북한 지도부는 『항일 빨치산 참가자들의 회상기』 학습을 체계적이며 대대적으로 전개했다. 선전 담당기관들은 각급 단체에 대중 교양이 필요한 주제가 잡히면 그에 따라서 관련 회상기를 학습하도록 지도했다. 회상기 학습은 초기에는 일반적인 공산주의 덕성을 강조하는 데 중점을 두었지만, 1960년대 중반을 넘어서면서부터는 특히 「명령은 무조건 끝까지

관철해야 한다」,「그는 언제나 사령관 동지의 명령 집행에 충실하였다」,
「오직 그이의 가르침대로」,「혁명의 사령부를 목숨으로 지켜」 등 수령에
대한 충실성을 강조한 회상기 학습이 강조되었다.

한편 4차 당 대회를 계기로 『항일 빨치산 참가자들의 회상기』와 함께
김일성 저작이 본격적으로 학습되기 시작했다. 김일성 저작은 주로 사상
이론적인 문제나 실무 원칙 등 실제 사업 수행과 관련해서 핵심적인 교본
역할을 했다. 1960년대 중반까지는 마르크스-레닌주의의 일반이론도 함
께 학습되었지만, 그 경우에도 모든 문제의 시비를 가리는 최종 판단의
근거는 김일성 저작이었다.

김일성 저작의 본격적인 학습은 유일체제 형성과 관련해서 중요한 의미
를 지닌다. 그것은 북한에서 일체의 사상 이론적 문제나 사업 지침이 김일
성의 언어로 대중에게 전달된다는 것을 의미했다. 그리고 이는 곧 대중이
자신의 나라인 조선민주주의인민공화국과 김일성을 동일시하게 되고, 나
아가 그에 대한 신성화·절대화가 하나의 제도로서 자리 잡게 됨을 예고하
는 것이었다.

이렇듯 1960년대 초반 북한에서는 항일유격대식 삶이 전체 사회의 전형
으로 대두될 만큼 김일성의 권력이 더욱 강화되고 유일지도자로서의 이미
지 역시 확고해졌다. 누가 봐도 이제 북한 정치는 항일유격대의 유일전통
아래 김일성 유일 지도 체계로 나아가고 있었다. 그러나 이즈음 북한 지도
부 일각에서는 전혀 새로운 움직임이 일기 시작했다.

앞에서 살펴본 것처럼 중소분쟁이 심화되면서 국제 공산 진영은 평화공
존과 개인숭배 문제 등을 둘러싸고 격렬하게 갈등했다. 북한도 그 과정에

배낭을 등에 메고 걸어가는 북한 여성들의 모습이다. 북한 여성들은 항일유격대 정신을 일상생활에서 구현하기 위해 머리에 짐을 이지 않고 배낭에 넣어 지고 다녔다.

서 '누가 더 정통한 마르크스주의자인가'를 두고 소련과 대립하기 시작했다. 특히 개인숭배 논쟁의 초점이 된 '수령' 독재 문제에 대해서도, 북한은 중국과 마찬가지로 단수가 아닌 레닌이 말한 복수로서의 '수령들' 개념을 빌어 수령 지도의 중요성을 강조하며 소련 지도부와 대결했다. 이 정통 마르크스주의 논쟁 과정에서 중국·북한과 소련은 '수정주의' 혹은 '교조주의'로 서로 상대방에게 부정적인 꼬리표를 붙였지만, 최소한 공개적으로는 개인숭배 행위에 대해서 양쪽 모두 부정적인 입장을 가지고 있었다. 이런 사정 때문에 북한은 내부적으로 끊임없이 김일성의 절대권력을 강화하고 그에 대한 충실성을 강조하면서도 대외적으로는 이를 드러내지 않았다.

한편 북한의 입장에서 이 '정확한 마르크스주의' 논쟁은 소련과의 갈등을 수반하고 이루어졌기 때문에, 북한 지도부는 외세에 대처하기 위한 방편으로 애국주의를 강조했으며 그 일환으로 우리 민족의 문화와 역사를 강조했다. 당시 김일성도 조선노동당 선전기관들에게 각종 출판물을 통해 우리 역사와 문화를 다루어줄 것을 요구했다.

그런데 개인숭배로 치닫는 김일성의 권력 강화 추세와 국제공산주의운동에서 전개되는 정통 마르크스주의 논쟁에서 북한이 보인 태도 사이의 모순이 북한 내의 현실에서 문제를 발생시키기 시작했다. 사건은 1965년경부터 조선노동당에서 사상문화 분야를 담당하는 고위간부들이 국제 논쟁에 영향을 받아 북한 내부에서도 정통 마르크스주의를 추구하면서 발생했다. 당의 사상문화 담당 간부들은 북한의 혁명전통을 기존의 항일혁명전통에서 민족의 전 역사와 다양한 항일운동으로 전환하려 했으며, 김일성 개인숭배 조장에도 미온적이었다. 이런 움직임을 주도한 것은 당 중앙위원회 부위원장이자 당의 실력자였던 박금철을 비롯하여 김도만, 고혁, 허석선 등이었다. 이들은 그동안 '정확한 마르크스주의' 논쟁 속에서 진행되어온 마르크스주의 교양의 연장선에서 당내 정책을 전개했다. 그리고 1966년 초부터 북중갈등이 커지자 중국의 마오쩌둥 사상에 대항하여 사회주의적 애국주의를 강조했으며, 마오쩌둥 개인숭배 움직임에 대항하여 정통 마르크스주의적 자세를 견지하려 했다. 주체사상에 대해서도 김일성 개인의 사상이 아니라 '조선 공산주의자들'의 '실천적 경험의 종합 개괄 위에서 제시된 사상'으로 이해하고, '마르크스-레닌주의의 조선혁명에의 창조적 적용'이라는 관점에서 독립된 사상이라기보다는 당의 정책 노선으로 인식했다.

조선노동당의 사상문화 담당 간부들은 사회주의적 애국주의의 교양 내용으로 민족의 자랑스러운 역사와 문화유산을 내세우고, 다양한 혁명전통과 역사적 인물들로부터 국가 생존 발전을 위한 교훈을 얻으려 했다. 그 과정에서 놀랍게도 항일 빨치산 회상기 학습의 빈도가 대폭 줄어들고 그 혁명전통의 유일적 강조 분위기가 엷어지게 되었다. 1966년 시점에서 사상문화 담당 간부들은 다양한 역사적 전통으로부터 국가 생존 전략의 지혜를 구하려 했지만, 그 흐름은 기존의 유일항일혁명전통 수립의 움직임과 유일지도자로서의 김일성 이미지의 꾸준한 강화와 정면으로 배치되는 것이었다. 바로 이 모순을 해결하기 위한 1967년의 대격동이 북한사회를 기다리고 있었다.

북한과 중국의 갈등과 화해

　1960년대 중반까지 북한사회는 중소분쟁과 한일회담, 베트남전 확전 등 대외적으로 위기의식을 고조시키는 사건들이 연달아 일어나면서 긴장 속에 놓였지만, 대내적으로는 유례없는 안정을 보였다. 권력구조가 항일 유격대 출신들을 핵심으로 한 김일성 단일 지도 체계로 굳어지면서 파벌 간 투쟁 현상이 종식되었으며, 대중들은 대체로 정상적인 사회주의적 삶을 영위하고 있었다. 그러나 이런 안정은 1966년에 들어서면서 서서히 흔들리기 시작했으며, 그해 10월에 열린 조선노동당 제2차 대표자회의를 계기로 완전히 파괴되었다. 뒤에 서술하겠지만, 대중의 삶은 일찍이 경험 해보지 못한 엄청난 김일성 개인숭배 캠페인과 사회 체계의 동원화 속으로 빨려들어갔고, 권력구조 내부에서는 대대적인 숙청이 전개되었다.

　정치사회적 안정이 파괴되는 데 구실을 제공한 것은 북한이 당면한 대외적 위기였다. 북한사회의 격렬한 변화는 기존의 대외적 위기에 중국과의 갈등이 더해지면서 발생했다. 이 시기에 김일성은 중소분쟁과 베트남 문제를 둘러싼 중국의 교조주의적 태도를 높은 강도로 비난했다. 1960년대 초반 북한과 중국의 관계는 '입술이 없으면 이가 시리다'라는 뜻을 지닌 순망치한脣亡齒寒의 관계라 부를 만큼 돈독했다. 그러나 이 돈독한 관계는 중국에서 문화대혁명이 발발하고 소련에서 김일성 지도부가 가장 껄끄러워하던 흐루시초프가 실각하고 베트남전이 확대되는 등 국제정세가 변화하면서 급격히 악화되었다.

　1960년대 중반 북중관계에 금이 가게 한 최초의 사건은 흐루시초프의 실각과 함께 들어선 새로운 소련 지도부에 대한 평가였다. 북한과 중국 양 지도부는 모두 흐루시초프의 스탈린 개인숭배 비판에 대해 불만을 가지고 있었으며, 그의 평화공존론에 대해서도 명확히 반대 입장에 있었다. 따라서 북한은 소련의 정권 교체를 맞이하여 브레즈네프를 중심으로 하는 새로운 소련 지도부에게 대체로 긍정적인 입장을 보였다. 반면 중국은 이 변화를 '흐루시초프 없는 흐루시초프주의'로 간주하며 여전히 부정적인 시각을 유지했다. 바로 이런 입장 차이가 북한과 중국 사이를 불편하게 만들었다.

북한과 중국은 베트남전에 대한 사회주의 진영의 대응을 둘러싸고도 갈등했다. 소련은 당시 확전으로 치닫던 베트남전에 대처하기 위해 소련, 중국, 북베트남 지도자들이 회합을 갖고 사회주의 진영의 공동대응을 모색하자고 제의했다. 그러나 중국 지도부는 소련공산당이 여전히 수정주의적 자세를 버리지 못하고 있다며 이 제안을 거부했다. 반면 북한은 베트남전쟁에 관한 한 "전 세계 진보 세력이 단결하여 대응책을 모색해야 한다"는 입장이었다. 중대한 국제 문제에서 중국과 견해를 달리한 것이다. 이것이 양국관계의 갈등을 심화시켰다.

북중관계에 긴장이 감돌면서 김일성 수상은 1965년부터 연례행사처럼 드나들던 베이징 방문을 꺼리기 시작했다. 중국 쪽에서도 북한에 대한 고위대표단 파견을 중단했다. 이와는 대조적으로, 이즈음부터 북한과 소련의 관계가 회복되기 시작했다. 소련의 고위대표단이 북한을 방문하기 시작했으며, 북한은 국제공산주의운동과 관련하여 소련에 대한 비판을 자제했다.

1966년에 들어서 급격히 냉각되던 북중관계는 중국에 문화대혁명의 광기가 불어닥치면서 갈등 상태로 치닫게 되었다. 문화대혁명의 열풍 속에서 중국의 문화대혁명 지도자들과 홍위병들은 북한 지도부를 수정주의자로 몰아붙였다. 두만강변의 북·중 국경지대에서는 일부 홍위병들이 북한으로 건너와 문화대혁명을 선전하는 대자보를 붙이는 일까지 일어났다. 북한 지도부는 이에 대항해 중국을 교조주의자, 종파주의자로 비판했다. 1967년에 들어서서 홍위병들은 김일성을 흐루시초프와 같은 수정주의자로 비난하고 북한에서 김일성을 반대하는 '정변'이 일어났다는 등의 허위사실을 공개적으로 유포하기 시작했다. 북한 지도부는 이에 대응해서 1967년 1월에 해명 성명을 발표하고, 홍위병이 북한 '정변'의 진원지로 지목했던 북한 군부에 대해서는 당과 수령에 대한 충성을 한층 강조했다. 중국과 북한의 관계는 서로 현지 대사를 소환할 정도로 악화되었다.

　　북한과 중국의 갈등이 풀리기 시작한 것은 1969년 가을에 들어서였다. 중소분쟁이 양국 간의 전쟁으로 치달은 1969년에, 중국은 그동안 제국주의의 '두목'으로 저주해왔던 미국과의 화해를 준비하며 문화대혁명의 광적인 열기를 식혀가고 있었다. 북한도 1960년대 초 긴박했던 대외정세 속에서 추진했던 군사 우위 노선에 제동을 거는 등 일련의 변신을 시도하는 중이었다. 이런 상황 속에서 1969년 10월 최고인민회의 상임위원장인 최용건이 정부대표단을 이끌고 중화인민공화국 창건 20주년 기념행사에 참가하면서 양국관계 회복의 길이 열렸다. 중국에서도 1970년 4월 저우언라이가 북한을 방문함으로써 그동안의 '유감스러웠던' 양국관계를 완전히 청산하고 다시 우호적인 동맹관계로 전환했다.

주체사상의 등장

1960년대의 복잡한 대외 환경에 대응해나가면서, 북한에서는 점차 '주체사상'이라는 새로운 말이 쓰이기 시작했다. 북한에서 '주체의 확립'이라는 말이 쓰이기 시작한 것은 1950년대 중반부터였지만, 주체사상이라는 용어가 나오기 시작한 것은 1962년경이었다. 그해 12월 『로동신문』은 무기명 논설을 통해서 "주체에 대한 사상은 우리 당이 자기 행동에서 확고하게 견지하고 있는 근본 원칙"이라고 단언하며 "주체를 확립할 데 대한 김일성 동지의 사상과 그의 관철을 위한 투쟁"이 북한 사회주의 건설에서 "혁명적 대고조, 위대한 천리마운동의 사상적 준비로 되었다"고 주장했다. 또 이 논설은 "조선혁명 수행에서 주체를 확립한다는 것은 조선혁명의 주인은 조선노동당과 조선 인민이라는 주견을 가지는 것이며 마르크스-레닌주의의 일반적 원칙을 우리나라의 구체적 현실에 창조적으로 적용하며 모든 것을 조선혁명의 성과적 수행에 복무하게 한다는 것을 의미한다"고 규정했다. 나아가 자립적 민족경제 노선이야말로 사회주의 건설에서 "우리 당의 주체사상"을 반영한 가장 현명한 방침이라고 주장했다. 그리고 "당의 주체사상을 실생활에서 더욱 철저히 관철시키기 위하여서는 마르크스-레닌주의 원칙과 그것을 우리나라 현실에 창조적으로 구현한 당 정책으로 튼튼히 무장하여야 한다"고 했다.

이 사설은 주체사상이 등장하던 초기에 북한의 이론가들이 이 사상을 어떻게 인식하고 있었는지를 잘 보여준다. 이 사설에 따르면, 북한의 이론가들은 당시 주체사상을 1950년대의 연장선에서 마르크스-레닌주의를

'조선혁명에 창조적으로 적용'한 사상으로 인식했으며, 국가의 대외적 자주성과 공동체의 자주적 삶의 실현을 위한 사상으로 인식했다. 그리고 그들은 주체사상이 집체적 의미의 "우리 당의 사상"임과 동시에 김일성의 사상이라고 규정했다. 그와 함께, 주체사상을 이론적 측면보다 실제 당 정책이나 방침, 지도적 원칙이라는 차원에서 제시했다. 나아가 1950년대에 사상에서의 주체 확립으로 제시되었던 주체 확립의 외연을 경제에서의 자립으로까지 확장시켰다.

주체사상에 대한 최초의 정식화는 1965년 4월에 이루어졌다. 당시 반둥회의 10주년을 기념하여 인도네시아를 방문 중이던 김일성은 한 연설에서 주체 확립과 관련해 "사상에서의 주체, 정치에서의 자주, 경제에서의 자립, 국방에서의 자위, 이것이 우리 당이 일관되게 견지하고 있는 입장"이라고 설명했다. 북한 지도부가 주체사상에 대해 내린 최초의 정식화였다.

한편 북한에서 주체사상의 대두는 김일성이 주도한 항일유격투쟁의 전통이 중시되고 모든 국가 활동에서 자주성이 강조되는 가운데 이루어졌다. 북한 지도부는 주체사상 강조를 계기로 8·15 해방을 비롯한 각종 국경일에 대한 관점과 태도를 변화시켰다. 그들은 8·15 해방에서 소련이 수행한 역할을 축소하고, 대신 항일유격대의 역할을 부각시켰다. 뿐만 아니라 국가의 자주성을 강조하고 대중에게 주체적 자신감을 심어주기 위해 정부 수립 기념일을 성대하게 치르기 시작했다. 북한의 이론가들은 주체사상의 연원을 항일무장투쟁 시기로 소급하는 글들을 내놓았으며, 선전기관들은 사회주의적 애국주의에 대한 교양을 광범하게 실시했다.

주체사상 체계화를 위한 일련의 작업을 진행하면서 『로동신문』은 1966

년 8월에 「자주성을 옹호하자」라는 논설을 실었다. 이 글은 "다른 당의 지도 이론을 가지고서는 결코 자기 나라의 혁명을 영도하여나갈 수 없다"며 "우리 당은 마르크스-레닌주의를 조선혁명의 현실에 창조적으로 적용하여 자기의 독자 이론을 확립하였다"고 천명했다. 이는 당시 중국 지도부가 문화대혁명의 광풍 속에서 마오쩌둥의 사상을 강조하고, 그에 기초해서 교조적인 태도를 보이며 자기 노선과 다른 길을 가려는 북한을 압박하는 데 대응하는 성격도 지니고 있었다. 즉 북한도 중국이 강조하는 마오쩌둥 사상과 같은 수준의 주체사상을 확립했으니 북한의 노선에 왈가왈부하지 말라는 것이었다. 북한은 중국과 갈등을 겪으면서 초기에는 마오쩌둥 사상에 대항해서 마르크스-레닌주의와 '우리 당 정책', 그리고 사회주의적 애국주의 등을 강조했지만, 갈등이 심화되면서 본격적으로 주체사상을 전면에 내걸었다.

이런 맥락에서 북한 지도부는 '마르크스-레닌주의의 원리와 결합된 우리 당의 혁명사상'(주체사상)을 강조하기 시작했다. 1967년 12월에 열린 최고인민회의 제4기 1차 회의는 주체사상을 국가 활동의 지도사상으로 공식 반영했다. 이 회의에서 김일성은 국가 활동의 중점 실행 당면 과업을 밝힌 공화국 10대 정강을 발포하면서 "주체사상을 모든 부문에 훌륭하게 구현"하는 것을 제1조항으로 내세웠다.

하지만 이때까지만 해도 주체사상은 비록 조선노동당의 사상이자 김일성의 사상으로 규정되기는 했지만 기본적으로 마르크스-레닌주의를 대체한 보편적 사상이 아니라 마르크스-레닌주의를 북한혁명에 창조적으로 적용하기 위해 내세운 국가 활동의 지도적 원칙 정도로 이해되고 있었다.

「노동신문」 1966년 8월 12일자 논설 「자주성을 옹호하자」

이 논설을 통해 북한은 스스로 "마르크스-레닌주의를 조선혁명의 현실에 창조적으로 적용"하여 독자적인 이론을 확립했다고 천명했다. 이는 마오쩌둥 사상을 강조하면서 북한을 압박해오던 중국에 대응하는 성격도 지니고 있었다. 이때까지만 해도 주체사상은 마르크스-레닌주의를 북한혁명에 창조적으로 적용하기 위해 내세운 국가 활동의 지도적 원칙 정도로 이해되었다.

전면화된 개인숭배 캠페인, 동원화된 사회 체계

어떤 사회가 혁명이나 대규모 반란 없이도 크게 격동하고, 나아가 전혀 다른 모습으로 변모할 수 있다고 한다면, 1967년의 북한사회는 아마 그 좋은 예가 될 것이다. 그해 북한에서는 정치·사회·문화 방면의 큰 변화가 일어났다. 그 변화는 1967년 5월에 열린 조선노동당 중앙위원회 제4기 15차 전원회의를 계기로 발생했다. 이 회의를 계기로 정치적으로는 상당수 고위간부들이 숙청당했고, 전체 사회적으로 김일성의 사상을 의미하는 유일사상 체계의 확립이 강조되었으며, 개인숭배 캠페인이 대대적으로 전개되었다.

이미 앞서 설명했듯이, 1967년의 대변화는 당의 선전 담당 간부들이 당의 지도사상으로 정통 마르크스주의를 내세우며 김일성 유일체제화에 미온적인 태도를 보인 것이 빌미가 되어 발생했다. 김일성을 중심으로 하는 북한 지도부는 당 중앙위원회 제4기 15차 전원회의에서 1950년대 후반의 반종파투쟁 이래 최대의 숙청을 단행했다. 중요 숙청 대상자는 당내 고위직에 있으면서 김일성의 항일유격투쟁을 유일한 혁명전통으로 수립하는 데 소극적인 태도를 보인 박금철 등 당의 조직·사상·문화 분야 책임자들과 대남총책 리효순이었다. 그들은 김일성 중심의 유일체제보다는 민주집중제를 강조했으며, 국가의 자주성을 지켜나가는 사상적 전통과 관련해 김일성이 주도한 항일혁명전통보다 우수한 민족전통과 사회주의적 애국주의를 강조했다. 그러다 보니 이들이 구사하는 정책은 절대권력을 지향했던 김일성 지도부에게 걸림돌이 될 수밖에 없었다. 김일성 지도부는 "당원들에게 부과된 당 정책 교양과 혁명전통 교양을 방해하였으며 당 안에 부르주아 사상, 수정주의 사상, 봉건 유교 사상, 교조주의, 사대주의, 종파주의, 지방주의, 가족주의와 같은 온갖 반혁명적 사상을 퍼뜨려 당과 인민을 사상적으로 무장해제시키려고 책동했다"는 구실을 붙여 이들을 숙청해버렸다.

혁명전통 훼손과 관련해서 김일성은 그동안 진행되어오던 사회주의적 애국주의 교양을 전면 부정했다. 그는 관련 당 간부들이 "사회주의적 애국주의 교양을 강화할 데 대한 당의 방침을 왜곡하여 향토주의를 고취하면서 청산된 지주를 내세우고 퇴폐적인 노래를 부르게 함으로써 부르주아 사상과 봉건 유교 사상을 퍼뜨려놓았으며 지방주의를 부활시켰다"고 비판했다. 심지어 그는 그동안 유물론적 측면에서 평가가 가능하다며 북한 학계가 자랑해온 실학에 대해서도 "지나치게 높이 평가하였다"면서 "사대주의를 반대하고 주체를 세운다고 해서 실학파를 내세워서는 안 된다"고 경고했다. "지난날 실학파들이 사대주의를 반대한 것은 물론 좋은 일이며 그때는 그것이 진보적인 역할을 했지만" "그들이 소유한 학문은 유물론적이 못되고 많은 경우에 관념론적이었다"는 것이었다. 이런 실학 비판 속에서 북한 주민들의 애독서였던 『목민심서』는 졸지에 봉건 서적으로 낙인찍혔다. 김일성이 실학 대신 강조한 것은 주체사상이었다.

1967년의 숙청에서 김일성 지도부가 노린 것은 항일혁명전통의 회복과 김일성 중심 유일사상 체계의 확립이었다. 전체 사회구성원이 "김일성 동지의 혁명사상 외에는 그 어떤 사상도 모르는 확고부동한 신념"을 가지도록 요구하는 유일사상 체계는, 1967년 여름에 공식화되었다. 이후 당

주체사상을 학습하고 있는 북한 어린이들

1967년 5월 조선노동당 중앙위원회 제4기 15차 전원회의에서 박금철·이효순 등을 숙청함으로써 김일성 중심 유일사상 체계가 확립되었다. 이후 당 지도부는 김일성의 혁명 활동 암송을 중심으로 한 대중 학습을 전 사회 적으로 진행했다. 북한사회는 김일성 개인숭배의 물결 속으로 빨려 들어갔다.

지도부는 김일성의 사상으로 규정된 유일사상 체계를 확립하기 위해 광범하게 대중 학습을 진행시키는 한편, 이를 수령에 대한 무조건적 충실성을 강조하는 교양 사업과 병행해서 추진했다. 이때부터 모든 행사와 의식은 김일성 수령에 대한 찬양으로 시작되었고, 대중 학습은 김일성의 혁명 활동 암송 중심으로 이루어졌으며, 언론은 김일성의 '위대성'을 증명하는 것을 자신의 제1의무로 삼게 되었다.

북한사회가 1967년에 들어서서 급격하게 개인숭배 체제로 빠져들게 된 데는 당시 북한과 중국의 격렬한 갈등도 큰 영향을 미쳤다. 전통적인 혈맹이었던 중국과의 갈등으로 인해 북한에서는 '내외의 적'에 대처하기 위한 국방력 강화가 전사회적으로 더욱 강조되었으며, '적'의 공세에 대항한 대내적 단결의 정점으로 수령이 강조되었던 것이다. 마오쩌둥의 사상에 대항해서 북한 사회주의 건설의 독자적 지도사상이자 김일성 사상으로 규정된 주체사상도 한층 강조되었다. 그 과정에서 중국의 '마오쩌둥 수령'에 못지않은 '북한의 김일성 수령'을 부각시키면서 북한사회에서 개인숭배가 거대한 물결로 출렁이기 시작했다.

당시 개인숭배는 세 가지 차원에서 전개되었다. 첫째, 개인숭배의 기본 형태로서 수령 김일성의 지도력을 찬양하고 수령 중심의 단결과 수령에 대한 충실성을 강조했다. 둘째, 김일성의 가계를 혁명화·신화화했다. 셋째, 김일성에 대한 대중의 개인숭배를 능동적인 사회의식과 사회적 담화로 제도화시켰다. 바로 이런 움직임 속에서 북한사회는 개인숭배 물결 속으로 빨려들어갔던 것이다.

북한 지도부의 개인숭배 캠페인은 스스로 영역을 넓혀 김일성 개인의

만경대 김일성 생가를 관람하는 어린 학생들

'탁월성' 강조를 넘어 김일성 가계를 혁명화하는 방향으로까지 나아갔다. 김일성 가계의 혁명화는 1967년 9월 여성동맹이 김일성의 어머니인 강반석을 모델로 한 「강반석 여사의 모범을 따라 배울 데 대하여」를 토론하면서 본격화되었다. 이어서 1968년 2월에는 김일성 일가를 그린 기록영화 〈만경대〉와 〈우리의 어머니 강반석 여사〉가 대중에게 소개되었으며, 같은 해 3월에는 김일성의 아버지 김형직을 추모하는 대대적인 행사가 열리고, 그가 일제 시기에 활동한 평안남도 강동군 봉화리와 압록강 유역의 중강이 성역화되었다. 가계의 혁명화는 1968년 9월 7일에 북한 정권 20주년을 맞이하여 당과 국가 지도자들이 김일성의 조부모와 부모의 묘에 화환을 바치는 데까지 이르렀다.

한편 유일사상 체계 확립과 개인숭배 캠페인이 전개되는 가운데, 북한 사회에서는 각종 사회 조직들에 대한 동원화 경향이 빠르게 나타났다. 이 경향은 1968년 1월 푸에블로호 나포사건을 계기로 전쟁의식이 고조되면서 더욱 두드러졌다. 북한 지도부는 사회 체계의 동원화를 계기로 주민들에게 과도하게 집단적 삶을 강조함으로써, 그들이 개인과 공동체생활의 조화라는 균형적인 삶의 방식을 포기하고 집단적 삶에 최우선의 가치를 부여하도록 강요했다.

자립경제와 국방·경제 병진 노선, 그리고 경제난

북한은 1960년대에 들어서 경제 건설의 기본 전략으로 '자립적 민족경제 건설 노선'을 제창했다. 이 노선은 개별 사회주의 국가들의 자립경제보다는 사회주의적 국제분업을 강조한 소련과 갈등하면서 형성되었다. 북한은 소련식 국제분업이 사회주의 약소국들의 강대국에 대한 예속성을 강화할 뿐이라고 보았다. 따라서 자립적 민족경제 노선을 천명하면서 '경제적 독립 없이 정치적 자주 없다'는 구호를 함께 내세웠다. 하나의 국가가 정치적으로 자주성을 유지하기 위해서는 경제적 자립이 필연적이라는 것이었다.

북한이 뜻하는 자립적 민족경제란 "자립성과 주체성을 본성으로 하는 경제로서 생산의 인적 및 물적 요소들을 자체로 보장할 뿐만 아니라 민족국가 내부에서 생산 소비적 연계가 완결되어 독자적으로 재생산을 실현해 나가는 경제 체제"로 정의된다. 그리고 자립적 민족경제는 다방면적이고 종합적인 경제구조, 현대적 기술을 갖춘 인민경제, 자체의 튼튼한 원료·연료기지, 자체의 유능한 민족 기술간부 대량보유 등을 본질적인 내용으로 한다고 규정되었다. 이를 종합해보면, 한마디로 자주적이며 총체적인 경제의 균형 발전이 자립적 민족경제 노선의 모토라고 할 수 있다. 이 노선에 따라서 북한 경제는 자기 체제 내부의 완결성을 추구했다.

자립적 민족경제 건설 노선을 문제의식 면에서 볼 때 나쁠 것은 없었다. 그러나 현실에서 이 노선이 지나치게 주체를 강조하고 경제에서 과도하게 자기 완결성을 강조하면서 문제가 생겨났다. 북한 지도부는 자립경제의 토대가 중공업이라고 판단하여 장기간 중공업 중심의 정책을 구사했는데, 그 결과 경공업이 상대적으로 낙후되어 산업 부문 간 불균형이 초래되었다. 자립경제 추구로 인한 지나친 내수 중심 정책도 한계를 보였다. 북한의 산업은 연료자원의 취약성과 기술설비 능력의 부족 등으로 인해 원천적인 한계를 지니고 있었고, 이를 보완하기 위해서는 외부 경제와 유기적 관계를 정립해야 했다. 그러나 북한 지도부는 이 점을 무시한 채 과도하게 내수 중심 산업 정책을 추구하면서 대외 경제관계를 발전 동력으로 활용할 수 있는 가능성을 상당부분 스스로 봉쇄해버렸다. 농업 분야에서도 자립적 민족경제 건설 노선은 자급화에 대한 과도한 의욕으로 좁은 경작면적과 토양이 빈약한 토지를 가지고 무리하게 추진됨으로써 투자에 비해 성과가 저조한 한계를 드러냈다.

한편 1960년대에 들어서면서 북한 지도부는 군사력 증강과 경제 발전을 동시에 수행하자는 '국방·경제 병진 노선'을 내걸었다. 이 노선은 표면적으로는 국방과 경제를 동시에 발전시키자는 식으로 표현되었지만, 북한이 경제 발전에 주력했던 1950년대와 비교해볼 때 명백히 군사력 증강 노선이었다.

북한이 군사력 증강 노선으로 치달은 데는 몇 가지 대내외적 요인들이 얽혀 있었다. 먼저 북한은 대남 전략 차원에서 4월혁명 이후 남한의 '적화혁명 분위기'가 고조되었다고 판단하고, 대남혁명 완수를 위해 군사력 강화를 서둘렀다. 게다가 5·16 군사쿠데타 이후 미국과 남한, 일본을 잇는 새로운 정치·경제·군사적 협력 체제가 모색되면서, 북한의 군사력 증강 욕구를 자극했다. 중소분쟁, 쿠바 사태 등 대외적 요인들도 북한의 군사력 증강을 부채질했다. 특히 쿠바 사태의 경우, 미국이 쿠바를 침략하지 않는다는 조건으로 소련이 미사일을 철수시킴으로써 상황은 일단락되었지만, 미국에 대한 투쟁을 국가의 제1목표로 삼고 있던 북한이 볼 때 소련의 태도는 미국과의 대결이 두려워 동맹국의 안보를 소홀히 한다는 인상을 주었다.

이런 배경 속에서 1962년 12월, 조선노동당 중앙위원회 제4기 5차 전원회의가 열렸다. 북한 지도부는 국방력 강화를 천명하며 이른바 '국방·경제 병진 노선'의 기본 틀을 제시했다. 그리고 1963년부터 전군의 간부화, 전군의 현대화, 전민의 무장화, 전국의 요새화를 의미하는 '4대 군사 노선'을 적극적으로 추진해나갔다. 여기서 전군의 간부화는 군을 정치사상적·군사기술적으로 단련해서 유사시에 한 등급 이상 높은 직무를 수행할 수 있도록 하겠다는 것이었고, 전군의 현대화는 군대를 현대적 무기의 전투기술 기재로 무장시켜 최신 무기를 능숙하게 다루고 현대적 군사과학과 군사기술을 수행하도록 하겠다는 것이었으며, 전민의 무장화는 인민군대와 함께 노동자·농민을 비롯한 전체 근로자 계급을 정치사상적·군사기술적으로 무장시킨다는 것이었다. 또한 전국의 요새화는 전국에 광대한 방위 시설을 축성하여 철벽의 군사요새를 건설하겠다는 것이었다.

그러나 이런 군사 노선이 과다한 군사비 지출을 초래하면서, 북한 경제는 사상 처음으로 발전 지체 현상을 겪기 시작했다. 공식 통계에 따르더라도 북한은 1967~1969년 사이에 전체 예산의 30% 이상을 국방비에 쓸 정도로 군비 증강에 힘을 쏟았다. 당시 북한의 예산 규모가 국민총생산의 70% 정도였음을 고려하면, 국방비 지출은 국민총생산의 20~30%에 달하는 수준이었다. 어느 나라든지 국민총생산의 20~30%를 국방비에 지출하고도 경제를 발전시킬 수는 없다.

결과적으로 북한은 '국방·경제 병진 노선'을 추구하면서 국방을 강화하

인민군의 군사 퍼레이드

북한은 미국과 남한, 일본을 잇는 새로운 정치·경제·군사적 협력 체제에 대응하기 위해 1963년부터 전군의 간부화, 전군의 현대화, 전민의 무장화, 전국의 요새화를 의미하는 '4대 군사노선'을 적극적으로 추진해나갔다. 그러나 이런 군사노선이 과다한 군사비 지출을 초래하면서 북한 경제에 처음으로 경제 발전 지체 현상이 나타나기 시작했다.

는 데는 어느 정도 성공했지만 경제의 동시 발전에는 실패했다. 북한 당국은 자신들이 추진한 경제 계획을 초과달성했다고 공개적으로 자랑했지만, 실제로는 국방비 증가와 맞물리면서 부진을 면치 못했다. 애초부터 북한 지도부 스스로 "인민경제 발전이 부분적인 제약을 받더라도 국방력을 강화해야 한다"는 결의 속에서 추진한 국방·경제 병진 노선이었지만, 북한 경제의 발전 지체는 예상을 훨씬 뛰어넘었다. 그 결과 1961년에 시작해서 1967년에 끝나게 되어 있던 7개년 계획도 3년을 연장한 뒤 1970년에야 완료를 선언할 수 있었다.

남조선혁명론과 게릴라 침투—군사 모험주의의 발호

북한은 1960년대 초반에 남조선혁명론이라는 대남 노선을 확립하고 그에 기초하여 남한의 혁명화를 기도했으며 무장 게릴라를 남파했다. 남조선혁명론은 "우리 조국의 통일과 조선혁명의 승리를 위하여서는 북반부의 사회주의 역량을 강화하는 동시에 남조선의 혁명역량을 강화해야 하며 북반부에서 사회주의 건설을 촉진하는 동시에 남조선에서 혁명을 수행하여야 한다"는 논리에 바탕했다. 한반도 전체의 공산화는 북한에서의 사회주의 발전만으로는 불가능하고, 남한에서 사회주의를 지향하는 혁명이 일어나 남북이 통일되었을 때 가능하다는 논리였다. 따라서 '남한 혁명 → 통일'의 단계를 밟아야 한다는 것이다. 이렇듯 북한이 '남한에서의 혁명 승리 후 조국통일'이라는 단계를 설정한 데는, 미군이 남한에 주둔하고 있는 상황에서 무력을 동원한 통일이 불가능하다는 판단이 주요하게 작용한 것으로 보인다.

남조선혁명론에 따르면, 남한혁명은 북한의 강력한 지원을 받지만 기본적으로 "남조선 인민들의 혁명역량의 장성과 그들의 결정적인 투쟁에 의해서만 승리"가 보장될 수 있었다. 그런 맥락에서 남한의 '혁명역량의 준비 및 강화'가 북한의 대남 정책상 가장 중요한 과제로 대두되었으며, 그 방법으로 남한에서의 혁명적인 마르크스-레닌주의 정당의 건설이 강조되었다. 김일성은 조선노동당 제4차 대회에서 "남조선 인민들이 반제반봉건투쟁을 성과적으로 진행하며 이 투쟁에서 승리를 쟁취하기 위해서는 마르크스-레닌주의를 지침으로 하며 노동자·농민을 비롯한 광범한 인민대중의 이익을 대표하는 혁명적 당을 가져야 한다"고 강조했다.

북한이 남한에서의 혁명적 당 건설을 강조한 것은 4월혁명 당시 그런 당이 없어서 자기들 방식의 통일 기회를 놓쳤다고 보았기 때문이었다. 북한의 대남 도발 공세가 극성을 부리던 1968년 7월, 북한의 이론가들은 『로동신문』을 통해 "만약 4·19와 같은 인민 봉기 때 남조선에 강력한 혁명적 역량이 준비되어 있었더라면" 상황이 달라졌을 것이라면서, 4월혁명 당시 남한에 혁명적 당이 존재하지 않았던 것을 "쓰라린 경험과 교훈"이라고까지 표현하고 있었다.

북한은 실제로 남한의 통일혁명당 창당 준비위원회 결성(1964. 3)과 당 중앙위원회 창립(1969. 8)에 관여했다. 통일혁명당은 조선노동당과 마찬가지로 남한사회를 "미제의 군사적 강점과 예속하에 있는 미제의 식민지 군사기지이며 사회경제구성상으로 볼 때는 식민지 반봉건사회"라고 규정하고, 이른바 '반미구국통일전선'의 결성 작업에 착수했다.

　북한 대남 전략의 목표는 통일혁명당의 투쟁역량을 강화하여 남한에서 미군을 철수시키고 혁명 세력이 정권을 장악하는 것이었다. 1960년대 중반부터 후반까지 이를 위한 북한의 대남공작이 집중적으로 이루어졌다. 그러나 그 시도는 거의 효과를 보지 못하고 실패로 끝났다. 이 기간 중에 남한사회는 한일회담, 베트남전 파병, 삼선개헌 등의 문제로 인해 내부적으로 여러 차례 큰 갈등에 빠졌지만, 이를 절호의 기회로 삼기에는 통일혁명당의 세력이 극히 미약했다. 그것은 통일혁명당이 역량을 축적하기엔 시간이 짧았던 탓도 있었지만, 보다 근본적으로는 북한의 지원을 받는 혁명적 마르크스-레닌주의 정당이 발붙일 만한 이데올로기 지형이 남한 사회에 갖추어져 있지 않았기 때문이었다.

　한-미-일을 잇는 지역 통합 전략의 성격을 지녔던 한일회담이 추진되고, 베트남전에 한국군 파병이 이루어지는 가운데, 북한은 이른바 '혁명적 시기'의 도래를 기대하며 남한의 지하당 건설에 상당한 열의를 보였다. 북한은 남한혁명을 지원하고 한국군의 베트남 파병을 견제하여 베트남 공산주의자들을 돕는다는 이중의 내면적 목적으로, 남한에 대한 수차례의 고강도 군사적 도발도 서슴지 않았다. 1968년에 발생한 북한 무장 게릴라 부대의 '청와대 기습사건'이나 '울진·삼척 지구 침투사건' 등이 그 대표적인 예이다. 북한의 선전 매체들은 이 사건들을 자신들과 상관없는 '남한 유격대'의 자발적 '거사'로 보도했지만, 사실은 당시 군사 모험주의로 흐르고 있던 북한 지도부가 획책한 것이었다. 그러나 북한의 이런 시도들은 무위로 끝났다. 통일혁명당 건설도 김종태·최영도 등 관련 핵심 인물들이

재판을 받고 있는 통일혁명당 간부들

북한은 남조선혁명론에 기초해서 남한의 '혁명 세력'을 지원하고자 통일혁명당 창립에 관여했다. 하지만 1968년 통일혁명당 관련 핵심 인물들이 대거 검거됨으로써, 혁명적 지하당 건설을 통해 남조선혁명을 실현시킨다는 구상은 좌절되었다. 통일혁명당 세력이 극히 미약하고 역량을 축적할 시간이 짧았던 것도 문제였지만, 근본적으로는 북한의 지원을 받는 혁명적 마르크스-레닌주의 정당이 발붙일 만한 이데올로기 지형이 남한사회에 갖추어져 있지 않았기 때문이었다.

1968년 7, 8월에 대거 검거됨으로써 좌절되었다. 결국 북한의 대남 무장 게릴라 침투는 국제사회에 북한에 대한 부정적인 이미지만 더욱 각인시킨 채 실패로 끝났다. 통일혁명당도 붕괴됨으로써 남조선혁명론에 기초한 1960년대의 적극적인 대남 혁명 노선은 실패로 돌아갔다.

　북한 지도부는 남조선혁명론에 기초한 대남 전략이 실패하자 1970년대부터 당국 간 대화 노선을 병행하는 쪽으로 정책을 전환했다. 그러나 남조선혁명론은 이후에도 한동안 그들의 의식 속에서 하나의 교의教義로 자리잡고 있었다. 그것이 북한의 대남 전략에서 허울 좋은 명분으로만 남게 된 것은 남북한 체제의 역량 격차가 확연하게 드러난 1990년대 이후였다. 원래 북한의 '남조선혁명 지원'이라는 인식은 그들이 남한보다 훨씬 우월한 체제역량을 지녔다는 판단에서 비롯된 것이었다. 그러나 사회주의 진영의 붕괴를 계기로 남한이 북한보다 수십 배 큰 경제력을 지녔으며, 전반적인 체제역량도 북한을 압도한다는 사실이 극명하게 드러났다. 1990년대 이후 격차는 점점 더 커졌다. 따라서 북한으로서는 남조선혁명이 문제가 아니라 거꾸로 남한으로부터 자기 체제를 보호하고 고수하는 문제가 절박한 과제로 대두된 것이었다.

주체사상의 사유화─'김일성 사상'

　김일성 개인숭배가 북한사회를 휩쓸기 시작하면서, 북한의 이론가들은 그동안 대외 정책 방향과 국가 활동의 지도 원칙으로 인식해왔던 주체사상이 마르크스-레닌주의를 대체한 보편적인 사상 이론이라고 주장하기 시작했다. 김일성에 대한 찬양 분위기 속에서 '김일성 사상'으로 규정된 주체사상이 점차 "마르크스-레닌주의의 조선 현실에의 창조적 적용"이라는 기존의 사고를 넘어서 수정주의 혐의를 받고 있던 소련공산당의 이론 및 좌경으로 인식되던 마오쩌둥 사상과 '가장 정확한 마르크스-레닌주의'의 자리를 놓고 경쟁하기 시작한 것이다. 이런 현상은 주체사상이 보편적 이론화로 나아가는 과도기적 형태였다고 볼 수 있는데, 1968년경부터 본격화되었다. 이때부터 주체사상은 '우리 당의 혁명사상'에서 '김일성 동지의 혁명사상'으로 사유화되기 시작했다.

1968년 8월 사회과학 부문 토론회에서 북한의 이론가들은 주체사상을 "가장 정확한 마르크스-레닌주의적 지도사상"으로 규정했으며, 주체사상의 관점에서 김일성이 전면적으로 밝혔다는 프롤레타리아독재 체제에서의 수령, 당, 계급, 대중의 상호관계에 대해 언급함으로써 주체사상의 내용적 확장을 꾀했다. 주체사상의 보편적 이론화 과정에서 북한 지도부는 김일성의 독자적 이론 능력을 과시하기 위해 혁명 이론과 경제 이론을 다룬 몇 개의 논문을 김일성의 이름으로 발표했다. 김일성은 1967년 5월에 사회주의자들의 오랜 논쟁거리였던 사회주의 이행과 프롤레타리아독재와 관련하여 「자본주의로부터 사회주의에로의 과도기와 프롤레타리아독재 문제에 대하여」를 발표했다. 1969년 3월에는 「사회주의 경제의 몇 가지 이론 문제에 대하여」를 발표해 사회주의사회에서 경제 규모와 생산 발전 속도의 상호관계, 생산수단의 상품적 형태와 가치 법칙의 이용에 관한 문제, 농민시장 문제 등에 대한 견해를 밝혔다.

1960년대에 전개된 중소분쟁의 핵심 쟁점 중 하나였던 과도기와 프롤레타리아독재론에 대해, 김일성은 중·소의 논의를 각각 수정주의와 교조주의로 비판하면서 자신의 견해를 제시했다. 그는 세계혁명이 완수되는 시점인 공산주의의 높은 단계까지를 과도기로 설정하고 이를 프롤레타리아독재 시기와 일치시킨 당시 중국의 주장을 좌경적 입장으로 비판했으며, 다른 한편 과도기를 사회주의 제도의 확립 시점(사회주의의 승리 시기)까지로 짧게 잡고 이를 프롤레타리아독재 시기와 일치시킨 소련의 주장을 우경적 입장으로 비판했다. 그리고 그는 과도기의 경계선으로 소련이 사용한 의미와는 다른 완전한 사회주의사회, 즉 '사회주의의 완전한 승리 단계'를 설정했다. 김일성은 '사회주의의 완전한 승리 단계'의 주요 실현 지표로 노동자와 농민의 계급적 차이 해소를 통한 무계급사회 실현과 농민의 노동 계급화를 내세웠다. 바로 이 단계에 이르러 사회주의로 이행하는 과도기가 종료된다는 것이었다. 그러나 그는 과도기가 종료되어도 공산주의사회가 도래할 때까지 계속 프롤레타리아독재를 실시해야 한다고 주장했다. 일국 수준에서 공산주의가 실현되었다 해도 세계혁명이 실현될 때까지는 프롤레타리아독재를 계속 실시해야 한다는 것이었다.

김일성의 이런 주장은 1980년대 북한사회를 풍미한 '사회주의의 완전한 승리 테제'의 이론적 기초가 되었는데, 당시에는 중·소의 좌우 편향을 극복한 '가장 정확한 마르크스-레닌주의'라고 선전되었다. 중국과 북한이 불화의 터널 속에 빠져들어가면서 이런 선전은 더욱 강화되었다.

사회주의 경제 이론도 과도기나 프롤레타리아독재론과 마찬가지로 '좌경 및 우경 기회주의'를 비판하고 이를 극복한다는 차원에서 제시되었다.

김일성은 사회주의 경제가 일정한 발전 단계에 이르고 규모가 커지면 발전 속도가 떨어진다는 이론을 우경 기회주의로 비판하고, 대신 '생산력 발전의 결정적 추동력인 사람의 혁명적 열의'를 동원해 이를 극복할 수 있다고 주장했다. 그는 사회주의하에서 생산수단의 상품성 여부와 가치 법칙 문제를 두고 "상품생산과 가치 법칙의 의의를 지나치게 평가"하는 "우경적 편향"과 "이를 전혀 인정하지 않는" "극단적인 좌경적 오류"가 있다며 자신의 독자적인 입장을 천명했다. 그는 생산수단의 상품성 문제에 대해서 사회주의사회의 지배적 경제 부분인 국영 기업소들 간의 유통을 상품적 형태로 규정하고, 여기서는 일반적인 상품생산에서처럼 가치 법칙이 내용적으로 작용하는 것이 아니라 형태적으로 작용한다고 밝혔다. 그리고 자본주의의 잔재로서 북한사회에 남아 있던 농민시장 문제에 대해서도, 무계급사회가 실현되고 인민들이 국영상점에서 자유롭게 소비품을 살 수 있을 정도로 풍족해질 때까지는 유지가 불가피하다는 입장을 밝혔다. 이 사회주의 경제 이론 역시 발표 즉시 "김일성 동지의 독창적인 혁명 사상"으로 선전되었고, 그에 대한 광범한 학습과 교양이 실시되었다.

과도기와 프롤레타리아독재론, 사회주의 경제 이론은 김일성의 사상 영역을 국가 활동의 지도 원칙이라는 의미의 주체사상을 넘어서 사회주의 공산주의 이론 영역까지 확장시키는 데 결정적인 역할을 했다. 이 이론들이 나오는 것과 동시에 조선노동당은 지도 방법, 경제 관리 체계, 통일 이론 등 다방면에 걸쳐 김일성이 이룩한 '독창적 업적'을 선전하고 찬양함으로써 그의 사상을 전일적숲一的인 사상·이론·방법으로 부각시키기 위한 사전 작업을 진행했다. 결국 김일성 사상의 영역 확장은 문화대혁명 와중에 마오쩌둥의 후계자로 지명되었던 린바오가 마오쩌둥 사상을 추켜세웠던 것과 똑같이 김일성의 사상을 "우리 시대의 마르크스-레닌주의"로 부르게 했고, 결국엔 마르크스-레닌주의를 대체한 김일성주의로까지 치닫게 했다.

1967년의 북한사회, 사회적 굴절의 발생

북한사회에서 1967년은 심각한 변화가 일어난 해였다. 그해에 일어난 일련
의 정치적 사건들을 계기로 북한 주민들의 정서구조에 변화가 일어났고
사회적 담화의 내용도 달라졌다. 이 변화를 요약한다면 일인 절대권력 체제의
전면화와 개인숭배 문화의 정착, 사회의 기계적 집단화의 급격한 진행 등이 될
것이다. 1967년 이전의 북한사회에 그런 현상이 없었던 것은 아니지만 그때는
비공식적이고 산발적이며 어느 정도 자제된 모습으로 나타났다. 그러나 이런 현
상들은 1967년에 폭풍처럼 사회 전반에 몰아쳐 단기간에 새로운 사회정서구조
로 자리 잡았다. 한마디로 북한사회는 1967년을 기점으로 이전과 다른 사회문화
적 공간으로 이동했다고 봐도 무방할 것이다. 물론 이 사회문화적 공간 이동은
연속적인 측면보다는 사회 발전의 부정적 측면들이 매개된 굴절이동이었다.

그렇다면 이런 사회문화적 공간의 굴절 이동은 과거의 공간과 어떻게 달랐을
까? 이 공간 이동을 가능하게 만든 대내외적 배경은 무엇인가? 사회문화적 공간
이 굴절 이동되었다는 사실은 이후 북한사회의 전개에 어떤 의미를 던져주는가?

1967년 이전의 북한에서는 마르크스-레닌주의가 근본 지도사상이었으며, 그

하위 개념으로 주체사상이 사회 운용 원리를 이루었다. 이때 정치 체제는 김일성 단일 지도 체계였으며 사회적으로는 항상 긴장이 팽배했지만 극단적인 동원화 현상이나 기계적 집단주의 현상은 나타나지 않았다. 그러나 1967년부터 북한에서는 마르크스-레닌주의를 대체한 전일적 사상 체계로서 주체사상이 강조되기 시작했고, 다음 장(2장)에서 설명할 혁명적 수령관과 후계자론, 사회정치적 생명체론 등 새로운 지도 이론과 사회 운용 원리가 강조되었다. 이때부터 극단적인 개인숭배가 제도화되었으며, 기계적 집단주의가 강요되고, 고도의 사회적 동원화가 만연하게 되었다.

그런데 이런 현상들은 1967년에 완결된 자기 모습을 보인 것은 아니었다. 굴절 이동의 토대가 된 사회문화적 정서의 급격한 변화는 당시 북한 매체들의 선전과 대중 학습 등을 통해 전면적으로 나타났지만, 이 굴절 이동을 합리화하기 위한 이론적 틀은 혁명적 수령관, 김일성주의, 후계자론, 사회정치적 생명체론의 순서로 1970, 80년대에 제 모습을 갖추었다.

과연 북한에서 사회적 굴절이 발생할 수 있었던 토양은 무엇인가? 먼저 김일성 단일 지도 체계가 중요한 기반이 되었다. 1950년대 후반의 '반종파투쟁' 등 지속적인 권력투쟁 과정에서 승리함으로써 확립된 김일성 단일 지도 체계는 당내 이견 세력의 완전한 소멸을 대가로 하는 것이었다. 따라서 1967년 북한사회에 대격변이 발생했을 때, 그 변화에 제동을 걸 수 있는 세력은 전무했다. 사상 학습 체계도 이 굴절 이동에 중요한 기반이 되었다. 1959년에 시작되어 1960년대에 광범하게 제도화된 이 학습 체계를 통해, 북한 지도부는 김일성 저작과 『항일 빨치산 참가자들의 회상기』 등을 북한 주민들에게 학습시켰다. 그 결과 대중은 김일성과 항일유격대의 언어를 자신들의 언어로 공유하게 되었으며, 이는 개인숭배와 유일사상화의 토양이 되었다. 한편 긴장된 대외관계 속에서 발생한 중국과의 갈등도 이 굴절 이동의 중요한 원인으로 작용했다. 엄중한 국제환경 속에서 혈맹으로 믿었던 중국과 갈등이 발생하자 대내적으로 북한 주민들의 위기의식이 고조되었고, 이는 최고지도자 중심의 사회적 단결이 강조되는 분위기를 만들었다.

이 공간의 굴절 이동을 일시적 굴절이나 왜곡이 아닌 하나의 돌이키기 어려운 제도로 만든 촉진변수는 김정일의 등장이었다. 김정일은 1967년에 북한 권력구조의 핵심으로 부상하여 김일성 개인숭배의 제도화와 유일사상 체계의 확립, 주체사상의 김일성주의로의 보편화 시도, 혁명적 수령관의 확립, 후계자론과 사회정치적 생명체론의 확립 등을 주도하면서 이 굴절된 정치사회 공간의 제도화에 앞장섰다.

하지만 이 공간 굴절 이동의 배경을 분석할 때 김일성 자신의 권력의지를 빼놓을 수는 없을 것이다. 당시 지구상에는 다수의 사회주의 국가들이 있었다. 그 국가의 지도자들 중 자신의 절대권력을 추구하고 극단적인 개인숭배를 제도화한 나라는 드물었다. 이는 북한사회의 굴절 이동에 김일성의 권력의지가 핵심 요인으로 작용했음을 의미한다.

1967년에 북한에서 사회적 굴절 현상이 발생했다는 사실은 북한의 사회 발전 과정에 불연속적 측면이 있음을 말해준다. 즉 1967년 북한은 지도자와 인민이 합리적으로 선택할 수 있는 발전 방향이 있었음에도 그것을 채택하지 않고 비합리적인 선택을 했음을 시사하는 것이다. 유감스럽게도 이 비합리적 선택은 독재와 저발전으로 일관된 북한의 이후 역사를 규정했다. 따라서 이 공간의 굴절 이동은 북한의 사회 성격 자체를 바꾼 것은 아니지만, 체제 운용 방식을 변화시켜

북한사회를 정상궤도로부터 일탈시키고, 나아가 북한사회 체제를 비효율적인
체제로 만든 결정적인 계기가 되었다.

북한사회의 개인숭배 토양

북한에서 개인숭배는 유일체제를 떠받치는 문화정서적 토양이라고 할 수 있다. 그러나 개인숭배는 어떤 명분으로도 합리화될 수 없는 난폭한 독재 체제의 상징이다. 때문에 북한의 이론가들도 자신들이 수령을 떠받드는 것은 수령에 대한 충실성의 표현이지 결코 개인숭배가 아니라고 주장한다. 하지만 이는 설득력이 약하다. 실제로 북한의 『철학사전』(1985년판)을 보면 개인숭배 항목이 빠져 있다. 그만큼 북한 지도부는 이 문제와 직접 대면하는 것을 회피하고 있다는 의미이다. 그렇다면 북한사회에 개인숭배가 만연하게 된 조건은 무엇인가?

한 사회에 개인숭배가 만연하는 것은 절대권력자의 권력의지와 정치·사회·문화적 조건이 맞아떨어졌기 때문이라고 할 수 있다. 다시 말해, 행위주체의 의지라는 주관적 요소와 환경이라는 객관적 요소가 맞아떨어졌다는 것이다. 이렇게 볼 때, 북한의 개인숭배를 주관적 요소인 김일성 개인의 배타적 권력의지와 '제왕의식'을 빼놓고 설명할 수는 없다. 1920년 4월의 소련공산당 제9차 대회에서 자신의 50회 생일을 축하하는 대표들의 연설을 듣다못해 퇴장해버린 레닌과 대조적으로, 김일성은 자신에게 쏟아지는 극단적인 찬양과 경모의 소리를 즐겼으며 그것을 조장했다. 왕조국가의 군주로서 쿠데타로 쫓겨나 중국으로 망명한 뒤 긴 세월 동안 김일성을 비롯한 사회주의 국가의 지도자들과 교류했던 시아누크 캄보디아 국왕은 "내 친구들은 자신들이 신격화되는 것을 반대한다고 거듭 주장했지만 허영심과 개인숭배는 일부 친구들의 취향인 것이 분명했다"고 말한 바 있다. 한때 왕조국가의 지배자였던 시아누크의 눈에조차 개인숭배는 독재자의 향유물로 보인 것이다.

그런데 개인숭배를 즐긴 김일성의 심리는 상당부분 그가 봉건시대의 '성군(聖君)사상'을 떨쳐버리지 못하면서 형성된 것이라고 할 수 있다. 성군사상은 북한사회 저변에 깔려 있는 봉건 유교적 전통과 결합하면서 '위대한 수령'을 자연스럽게 받아들일 수 있는 토양을 이룬 것으로 보인다. 이는 북한사회가 산업화와 시민사회 형성의 경험이 없는 (半)봉건적 사회 형태에서 사회주의로 이행하면서 절대권력자와 '인민'의 관계를 군신관계로 만드는 문화정서를 타파하지 못했음을 뜻한다.

한편 북한사회에는 김일성 개인숭배가 발호할 수 있는 정치·사회·문화적 기반도 존재하고 있었다. 정치적으로 볼 때 '반종파투쟁'을 계기로 반대파가 몰락하면서 김일성 단일 지도 체계가 확립되자, 모든 정치 과정이 최고지도자 1인을 중심으로 작동함으로써 김일성의 유일지도자 이미지가 공고해졌다. 이와 함께 김일성의 항일무장투쟁 경력과 그동안 유일적 지도를 통해 쌓아온 대중적 신망, 그리고 김일성의 혁명역사·혁명사상에 대한 대중적 체현을 주요 목표로 한 사상학습이 북한사회에서 개인숭배의 문화심리적 구조를 만들어내는 데 중요한 기반이 되었다.

김일성 개인숭배가 만연하게 된 데는 위와 같은 대내적 요소 못지않게 대외환경적 요소들도 큰 영향을 미쳤다. 무엇보다도 국제공산주의운동의 불건전한 전통의 잔재와 중국의 마오쩌둥 개인숭배가 큰 영향을 미쳤다. 1953년에 사망한 소련의 독재자 스탈린에 대한 개인숭배 조장은 당시 북한을 비롯한 거의 모든 사회주의 국가들에게 개인숭배라는 불량한 전통을 부식시켰다. 이와 함께 문화대혁명 기간 중 발생했던 마오쩌둥 개인숭배는 갈등관계에 있던 북한이 '마오쩌둥 수령'에 대응해서 '김일성 수령'을 치켜세우게 함으로써 북한의 개인숭배 고조에 큰 영향을 미쳤다.

중소분쟁으로 상징되는 1960년대 국제공산주의운동의 분열도 북한에서 개인숭배가 발호할 수 있는 좋은 조건을 제공했다. 당시 중소분쟁 속에서 사회주의 진영이 분열함으로써, 사회주의권은 개별 국가에서 대두하는 개인숭배와 같은 마르크스-레닌주의 일탈 현상을 견제할 수 없었다. 중·소의 분열은 그 자체로 북한에 대한 이들 국가의 영향력 약화를 초래했을 뿐만 아니라, 프롤레타리아 국제주의의 대의에 결정적인 손상을 입힘으로써 누구도 '우리식'을 주장하며 개인숭배에 나선 북한을 견제하기 어려워졌던 것이다.

분단과 냉전구조도 북한의 개인숭배를 조장한 중요한 요소였다. 분단과 냉전 구조는 북한사회를 끊임없이 긴장으로 몰아넣었으며, 지도부는 이에 대응하여 사회 체계를 동원화하고 군사화·획일화시켰다. 바로 이런 동원화·군사화·획일화는 최고지도자 중심으로 사회를 운용해 구심적으로 작용케 함으로써 개인숭배가 발호할 수 있는 사회적 토양을 부식시켰다.

사회주의 이론의 측면에도 문제가 있었다. 일반적으로 마르크스-레닌주의는 사회주의 혁명 이후 혁명과 건설을 추진하기 위해 프롤레타리아독재 체계에 기초한 마르크스주의라는 유일 이데올로기와 공산당이라는 유일당을 상정하고 있다. 그리고 원론적으로 유일당은 민주집중제에 기초한 집단 지도 체제에 의해 움직이도록 되어 있다. 그런데 당이 민주주의와 집단 지도로부터 일탈한다면, 이 이론은 개인숭배라는 최악의 시나리오와 만날 가능성이 높아진다. 왜냐하면 유일사상, 유일당적 체제로 일원화된 사회 체제는 수령을 향한 일원적 단결을 요구하는 개인숭배가 발호할 수 있는 좋은 조건이기도 하기 때문이다. 그런 측면에서 볼 때 사회주의에서의 개인숭배 현상은 권력이 집중된 당에서 민주집중제 원칙 중 민주주의적 요소가 훼손될 때 흔히 나타나는 일탈 현상이라고 할 수 있다. 이는 개인숭배의 대표적인 사례로 꼽히는 스탈린 시대나 문화대혁명 시기가 실제로 마르크스-레닌주의의 원칙이 난폭하게 훼손된 시기였다는 사실에서도 증명된다. 결국 사회주의에서의 개인숭배는 마르크스-레닌주의가 일탈할 경우 발생할 수 있는 내재된 병집(病執) 현상이라 할 수 있다.

02

북한은 자본주의와 사회주의의 진영 간
갈등과 남북대결, 그리고 사회주의 진영 내의 중소분쟁이라는 대
결로 점철된 대외정세 속에서 1960년대를 보냈다. 1장에서 살펴본 것
처럼 북한은 이 긴장된 대외정세에 맞서 대외적으로 강경 노선을 걷고 주
체사상을 천명했으며 김일성 유일체제를 구축하고 자립적 민족경제 노선을 추
구했다. 그러나 1970년대에 들어서면서 미·중 데탕트 등 국제정세가 완화되자,
북한도 이에 발맞추어 서방과의 관계 개선을 시도하고 남북대화를 추진했다. 그
와 함께 대내적으로 김일성 유일체제의 확립을 위해 김정일을 후계자로 등장시
키고 헌법 개정 등을 통해 유일체제의 제도화에 나섰다.
1970년대의 북한은 1970년 11월에 열린 조선노동당 제5차 대회와 함께 시작되

김정일 후계 체제의 등장과 유일체제의 확립

었다. 조선노동당 제5차 대회는 1960년대에 추진한 7개년 계획이 부진을 면치 못하면서 예상보다 늦어져, 제4차 대회가 열린 지 9년이 지나서야 개최되었다. 이 대회에서 조선노동당은 1971년부터 추진될 6개년 계획의 기본 과업을 제시하고, 사상·기술·문화의 3대 기술혁명의 본격적인 추진과 '전체 사회의 주체사상화'를 당면 과제로 내세웠다.

북한은 경제난을 극복하고 발전의 동력을 회복하기 위해 1970년대 초반부터 서방 국가들로부터 대규모 차관까지 도입했지만 소기의 성과를 거두지 못하고 실패했다. 이 시기부터 후계자 김정일이 북한 경제를 지도했기 때문에, 그의 지도력과 업적을 부각시키기 위해 북한 당국은 공식 경제 통계를 사실과 동떨어지게 매년 목표를 초과달성한 것으로 발표했지만, 북한 경제의 난관은 지속되었다.

사회주의 헌법의 제정과 유일체제의 확립

1972년 12월, 북한은 1948년 9월에 제정된 '조선민주주의인민공화국 헌법'을 폐기하고 내용을 전면적으로 바꾼 '조선민주주의인민공화국 사회주의 헌법'을 채택했다. 바뀐 헌법의 명칭이 보여주듯이, 이 변화는 헌법의 수정이 아닌 새로운 제정이었다. 일반적으로 사회주의 국가들은 혁명을 통해 정권을 수립한 직후 민족주의 세력과의 통일전선 구축을 고려하여 궁극적으로 사회주의를 지향하지만 자본주의적 요소가 섞여 있는 헌법, 즉 인민민주주의 헌법을 제정하기 때문에, 사회주의 제도가 어느 정도 정착하면 변화된 현실을 반영하여 새로운 헌법을 필요로 하게 된다. 북한도 마찬가지였다.

김일성은 1972년 12월 헌법 제정 관련 연설에서 새 헌법의 의미는 "사회주의 혁명과 사회주의 건설에서 거둔 위대한 성과를 법적으로 규정하고, 사회주의사회의 정치·경제·문화 각 분야의 제 원칙을 법적으로 규제"하는 것이라고 밝혔다. 이처럼 북한이 새로운 헌법을 만든 것은 1948년에 제정된 헌법이 인민민주주의 제도에 부합하는 것이어서 사회주의사회로 이행한 1970년대의 북한 상황에 맞지 않았기 때문이었다. 권력구조 면에서도 1948년 헌법 체계로는 이미 굳어져버린 김일성 유일체제를 반영한 제도를 만들어낼 수 없었다. 따라서 북한 지도부는 사회주의적 내용을 담고 있으면서 권력구조에서 유일체제를 가능하게 해줄 헌법을 새로 만든 것이다.

북한의 새로운 헌법은 북한사회가 이미 실현한 사회주의 운영 메커니즘을 법적으로 규정하고 앞으로 나아갈 방향도 담고 있었다. 따라서 1972년의 북한 헌법을 보면 당시 북한 스스로 규정한 그들의 사회 발전 단계와 지향, 국가 운용 메커니즘, 권력구조 등을 알 수 있다.

북한의 구헌법인 '조선민주주의인민공화국 헌법'은 총 10장 104조로 이루어진 인민민주주의 헌법이었다. 당시 북한사회는 사회주의로 이행하기 전의 '반제 반봉건 혁명' 단계에 있었기 때문에 헌법 내용을 사회주의적 요소로 채울 수 없었다. 예컨대 국가의 주권은 노동자·농민이 아닌 "인민"에게 있는 것으로 규정되었으며(제2조), 생산수단은 국가·협동단체 뿐만 아니라 개인에게도 귀속되도록 했다(제5조). 권력구조도 내각과 최고 인민회의 상임위원회가 권력을 균분하는 다분히 내각제적 요소를 지녔다.

그러나 전체 11장 149조로 이루어진 새로운 헌법은 달랐다. 새 헌법은 구헌법과 비교해서 다음과 같은 특징을 지녔다.

첫째, 헌법 제1조에 북한이 "자주적인 사회주의 국가"임을 천명하고 정치·경제·문화의 모든 면에서 자주성과 사회주의적 원리에 의해 운용되는 체제라는 점을 규정했다. 그에 따라 '노동 계급이 영도하는 프롤레타리아독재'를 공식화하고 주권의 소유 주체를 "노동자, 농민, 병사, 근로 인텔리"로 제한했다. 경제 영역에서는 생산수단의 소유 주체를 "국가 및 협동단체"로 국한시킴으로써 사회주의적 소유를 분명히 하고 계획경제를 명문화했다. 또한 천리마운동을 북한 사회주의 건설의 총노선으로 규정하고, 청산리방법과 대안의 사업 체계 등을 사회주의적 사업 방식으로 명기했다.

둘째, 주체사상을 "마르크스-레닌주의를 우리나라의 현실에 창조적으로 적용한" 사상으로 규정하고 이를 국가 활동의 지도적 지침으로 규정했다. 즉 북한사회를 이끌어갈 지도사상으로 순수한 마르크스-레닌주의가 아닌 김일성의 사상인 주체사상을 천명함으로써 주체사상을 헌법상의 규범으로 제도화시켰다.

셋째, 분권적 성격을 지닌 기존의 권력구조 대신 수령의 유일적 지도가 가능하도록 국가주석 제도를 신설했다. 김일성의 절대권력을 보장하기 위해 '국가수반'이며 '국가주권을 대표'하는 주석제를 신설하고, 이 주석의 절대권력을 뒷받침하기 위해 주석의 지도를 받으면서 국가의 대내외 정책을 수립하는 중앙인민위원회를 신설했다. 이로써 최고주권기관인 최고인민회의와 최고집행기관인 내각을 양대 중심축으로 한 기존의 국가기관 체계는 폐기되었으며, 구헌법에서 최고주권기관으로서 강력한 위치를 차지했던 최고인민회의와 그 상임위원회는 핵심 권한의 대부분을 국가주석과 중앙인민위원회로 넘기면서 유명무실해졌다.

새로운 헌법에서 주석은 행정·군사 분야의 최고책임자로서 최고인민회의에서 선거되나 소환되지 않을 정도로 무소불위의 절대권력을 소유하도록 규정되었다. 물론 이런 국가주석에 대한 헌법적 규정은 유일체제 아래서 국가기관 내 수령의 위치를 확고히 한 것이었다. 북한의 이론가들은 새로운 국가기관 체계가 "수령님의 유일적 영도를 확고히 보장할 수 있게 하는 가장 혁명적이고 우월한 국가 정치 지도 체계"이며 주석제는 "김일성 동지의 유일적 영도를 법적으로 확고히 보장"하는 제도라고 주장했다. 결국 새로운 헌법의 제정을 통해 수령은 현실 정치 과정에서 조선노동당 중앙위원회 총비서(당)와 조선민주주의인민공화국 주석(국가기관)이라는 양대 직책을 가지게 되었다.

　사회주의 헌법의 제정은 이미 정치사회적으로 모습을 갖춘 김일성 유일
체제가 최종적으로 법적 차원에서 제도화되었음을 의미했다. 1장에서 설
명한 것처럼, 북한사회는 격동의 1960년대를 겪으면서 국가의 주체 확립
에는 성공했지만, 한편으로 김일성 개인숭배라는 질병을 몸 안에 키운
채 1970년대로 들어섰다. 북한 지도부는 이 질병을 퇴치하기보다 오히려
그것이 번성할 수 있는 사회적 토양을 만드는 데 관심을 기울였다. 그
결과 1970년대 초반 북한에서는 수령 김일성을 중심으로 전체 사회가
동심원적으로 편제되어 움직이는 유일체제가 공고화되었다.

　북한 지도부는 새로운 헌법을 통해 유일체제를 법적으로 제도화하는
동시에, 이 체제의 이론화 작업을 추진했다. 그 결과는 초기에 프롤레타리
아독재 체계에서 수령의 역할을 규정한 '혁명적 수령관'으로 나타났다.
1969년부터 등장하기 시작한 이 '혁명적 수령관'에 따르면, 수령은 "당과
노동 계급을 비롯한 전체 인민을 통일적으로 영도하는 혁명의 최고 뇌수
이며 그들의 이익과 혁명적 지향을 집중적으로 체현하고 있는 계급의
유일한 대표자로서 혁명역량을 하나로 묶어세우는 단결의 중심"이었다.
수령의 존재 의의는 인체의 뇌수나 가족의 가장에 비유되었다. 수령에
대한 이런 규정과 비유는 곧 '수령이 없는 국가'나 '수령의 지도가 없는
대중'은 의미가 없다는 식의 사회적 담론으로 이어졌다.

　한편 모든 사회 체계가 수령을 중심으로 동심원적으로 편제되면서 북한
의 유일지배정당인 조선노동당의 핵심 개념들도 변화했다. 그동안 "당에
대한 무한한 충실성"으로 규정되었던 당성黨性은 "당과 수령에 대한 무한

거대한 김일성 동상

김일성의 60회 생일을 기념해 1972년 4월 만수대 언덕 평양혁명박물관 앞에 세워진 동상이다. 기단 3미터를 포함해 전체 높이 23미터의 이 동상은 김일성 우상화 작업의 일환으로 북한 전역에 세워진 수많은 동상 가운데 가장 큰 것으로 알려져 있다.

한 충실성, 김일성 동지의 교시를 끝까지 관철하며 인민을 위하여 몸 바쳐 싸우려는 투쟁정신"으로 개념 규정이 바뀌었다. 또한 '노동 계급의 당'으로 북한사회를 이끌어온 지도 주체였던 조선노동당은 "당을 창건한 수령의 사상과 영도를 실현하는 무기"로 재규정되었다.

결국 이런 유일체제의 이론화 작업과 함께 추진된 법적 제도화의 결과가 사회주의 헌법의 제정이었다. 따라서 북한은 새 헌법의 채택을 통해 이론 측면에서는 혁명적 수령관에 기초하고 제도적으로는 당 중앙위원회 총비서와 국가주석 직책을 가진 수령의 유일체제를 완성시킨 것이다.

중국과의 공조를 통한 남북대화의 모색

1970년대 초반 닉슨 미 대통령이 닉슨 독트린이라 불리는 대對공산권 화해 정책을 추진하면서, 국제사회에는 미·소, 미·중관계의 개선이라는 해빙 무드가 조성되었다. 때마침 북한은 내적으로 김일성 유일체제를 확립하기는 했지만 군사 모험주의를 추구하면서 경제 발전이 지체되는 등 사회 발전 동력이 소진되고 있던 시기였다. 북한 지도부는 '제국주의'와의 화해라는 국제정세의 변화에 직면하여 그들에게 닥친 도전적인 요인을 극복하고 자신에게 도움이 되는 기회요소들을 살리기 위해 적극적으로 대외관계 개선에 나섰다. 그들은 새로운 동서 데탕트의 추세 속에서 고립을 피하기 위해 중국과의 갈등관계를 청산하고 다시 양국 공조의 틀을 구축했다. 그리고 이를 바탕으로 남북대화에 나섰으며 서방 국가들과의 관계 개선도 적극적으로 시도했다.

중국도 양국 우호관계 복원에 적극적이었다. 1969년에는 소련과 국경전쟁까지 치렀던 중국이기에, 더 이상 북중관계가 삐걱거리는 것을 원하지 않았다. 더욱이 미중관계 개선이라는 새로운 동북아 질서 구축을 위해서는 이 지역에 위치한 북한과 보조를 함께하는 것이 필요했다. 따라서 중국 지도부는 1970년 4월 평양에 저우언라이 국무원 총리를 단장으로 하는 대표단을 파견하는 등 대북관계 복원을 위해 적극적으로 움직였다.

북한과 중국은 미중관계 개선 초기부터 밀접하게 협력하며 이를 남북대화와 연결시켜나갔다. 중국은 1971년 7월 키신저 미 백악관 안보담당 특별보좌관이 비밀리에 베이징을 방문하고 닉슨 미 대통령의 방중에 합의한 사실을 대외적으로 발표하기 전에, 저우언라이를 평양에 보내 직접 김일성에게 설명하도록 했다. 사실 미·중 데탕트는 그동안 미국을 '철천지 원수'로 인식하고 반미 이데올로기에서 체제 정당성을 찾아온 북한 지도부에게 당혹스러운 일이었다. 게다가 동맹국인 중국이 혹시라도 반제 노선을 포기하지 않을까 노심초사할 수밖에 없었다. 북한 지도부는 새로운 정세 변화에 적지 않게 당황했을 것이다.

북한 지도부는 7월 말 김일 제1부수상을 베이징으로 보내 중국 지도부의 대미관계 개선에 대해 이해를 표시하고, 그동안 자신들이 검토한 8가지 대미 요구사항을 미국 측에 전달해줄 것을 중국 측에게 요청했다.

① 남한에서 미군 완전 철수, ② 남한에 대한 미국의 핵무기, 미사일, 각종 무기 제공 즉시 중단, ③ 북한에 대해 진행되고 있는 미국의 침범 및 각종 정탐, 정찰 행위 중지, ④ 한·미·일 공동 군사훈련 중지와 한미

연합군 해산, ⑤ 일본 군국주의가 부활하지 못하도록 하고 남한에 있는 미군 혹은 외국 군대를 일본군으로 대체하지 않겠다는 보증, ⑥ 유엔 한국 통일부흥위원회(UNCURK) 해체, ⑦ 남북한 직접 협상과 한반도 문제의 '조선 인민' 자체 해결을 방해하지 말 것, ⑧ 유엔에서 한국 문제를 토의할 때 북한 대표의 참여 보장 및 조건부 초청 취소. 북한의 이 8가지 요구사항은 키신저의 두 번째 중국 방문이 이루어진 1971년 10월에 미국 측에 전달되었다.

한편 김일성은 북한 주민들이 미·중 화해로 받을 충격을 완화하기 위해 주민 선전용으로 '미국 백기론'을 들고 나왔다. "닉슨은 지난날 조선전쟁에서 패배한 미제 침략자들이 판문점에 흰 기를 들고 나오듯이 베이징으로 흰 기를 들고 찾아오게 된 것"이라며 "닉슨의 중국 방문은 승리자의 행각이 아니라 패배자의 행각이며, 중국 인민의 큰 승리이자 세계혁명적 인민들의 승리"라고 규정했다. 그러나 북한 지도부는 닉슨의 중국 방문이 초래할 국제정세의 변화에 따라 "대외 정책이 변화될 수도 있다"는 사실을 인식했다. 따라서 변화하는 국제정세에 능동적으로 대처하기 위해 이례적으로 조건 없는 남북대화를 제의했다.

김일성은 1971년 10월에 열린 키신저와 중국 지도부의 두 번째 대화 결과를 빨리 알고 싶어 했다. 닉슨 독트린 발표 이후 주한미군 일부 병력의 철수가 이루어지고 있었기 때문에, 북한 측의 미군 철수 요구에 미국이 어떤 반응을 보였는지 궁금했을 것이다. 뿐만 아니라 중국이 그해 10월에 유엔에 가입하자, 새로운 정세에 직면하여 북한의 대외관계 개선과 남북 대화 문제에 대해서도 중국 지도부와 의논하고 싶었을 것이다. 김일성은 키신저가 중국을 떠난 직후 1971년 11월 초 비밀리에 베이징을 방문하여 마오쩌둥, 저우언라이를 만나 키신저-저우언라이 회담의 경과와 북한 요구에 대한 미국 측의 반응을 직접 청취했다. 중국 측은 키신저가 북한의 요구를 전달받고 특별한 반응을 나타내지 않았다고 전했다.

이 자리에서 김일성과 저우언라이는 남북대화 문제에 대해서도 깊숙하게 논의했던 것으로 보인다. 양자는 특히 닉슨 독트린으로 쟁점이 된 주한 미군 철수를 현실화시키려면 남북대화라는 가시적인 긴장 완화 조치가 필요하다는 데 인식을 같이 했던 것으로 추측된다. 김일성 방중 보름 뒤인 1971년 11월 20일에 남북 적십자 예비회담 대표로 파견되어 있던 양측 당국자가 최초로 접촉을 가진 사실이 이런 추정을 뒷받침한다.

서방에 드러나지 않은 북·중 밀월관계는 계속되었다. 박성철 내각 부수상은 닉슨의 방중을 한 달도 남겨놓지 않은 1972년 1월 26일에 베이징을 방문하여 저우언라이, 리셴녠李先念 등 중국 지도자들과 회담을 가졌다. 미·중 정상회담에서 중국 측이 한반도 문제에 대해 취할 입장을 조율하기 위한 방문이었다고 추측된다. 저우언라이는 닉슨 방중 직후인 1972년 3월 초에 직접 평양을 방문해 김일성에게 미·중 정상회담의 결과를 통보했다.

이처럼 북한 지도부는 중국과의 긴밀한 협의 속에서 대외 문제에 임했다. 남북대화도 예외가 아니었다. 1971년 11월 김일성이 방중한 직후 남북 당국 간 비밀 실무 접촉이 이루어진 데 이어, 1972년 3월 저우언라이의 방북 직후 남한 측 실무 대표가 비밀리에 평양을 방문했다. 이런 사실은 북한이 남북대화를 대미관계와 연동해 추진하면서 중국과 긴밀히 협의했

이후락 중앙정보부장은 1972년 5월 2일부터 5일까지 평양을 비밀리에 방문하여 김일성 주석 및 김영주 조선노동당 중앙위원회 조직지도부장과 회담을 가졌다. 이후락 중앙정보부장과 김영주 조직지도부장이 "서로 상부의 뜻을 받들어" 합의한 7·4남북공동성명은 북한의 대남 정책 변화를 극명하게 보여준 사건이었다. 공동성명을 통해 북한은 지금까지 실체로 인정하지 않았던 남한을 대화의 상대로 인정했다.

음을 보여준다.

한편 북한은 새로운 정세 변화 속에서 기존 대남 전략의 변화를 시도했다. 북한 지도부는 지하당 건설, 주민 접촉 등 기존의 하층 통일전선 일변도에서 벗어나, 남한 당국 및 기업과의 접촉을 의미하는 상층 통일전선을 병행하는 쪽으로 방향을 전환하기 시작했다. 이 변화는 1972년 7·4 남북공동성명에서 분명히 드러났다. 남한 측의 이후락 중앙정보부장과 북한 측의 김영주 조선노동당 중앙위원회 조직지도부장이 '서로 상부의 뜻을 받들어' 합의한 이 성명은, 북한의 대남 정책 변화를 극명히 보여준 사건이었다. 자주, 평화통일, 민족 대단결이라는 조국통일 3대 원칙으로 상징되는 7·4 남북공동성명을 통해 북한 지도부는 '남조선혁명론'에 초점을 맞추며 지금까지 실체로 인정하지 않았던 남한 정부를 대화의 실제적 상대로 인정했다. 이는 바야흐로 북한의 대남 정책이 공식적인 당국자 간 대화 채널을 중심으로 전개될 것임을 예고하는 것이었다. 아울러 북한이 1960년대에 시도했던 '남조선혁명론'에 근거한 지하당 건설과 지하공작 사업이 대남 정책에서 점차 부차화되기 시작했음을 의미하는 것이기도 했다.

김일성주의로 굴절된 주체사상

김일성 유일체제가 확립되면서 북한의 이론가들은 김일성의 사상으로 규정된 주체사상의 체계화 작업에 박차를 가했다. 1972년, 김일성은 그동안 개념 정의가 모호하던 주체사상을 "혁명과 건설의 주인은 인민대중이며 혁명과 건설을 추동하는 힘도 인민대중에게 있다는 사상"으로 규정했다. 즉 "자기 운명의 주인은 자기 자신이며 자기 운명을 개척하는 힘도 자기 자신에게 있다는 사상"이 주체사상이라는 것이다. 나아가 그는 "주체를 세운다는 것은 혁명과 건설에 대하여 주인다운 태도를 가진다는 것"이라고 말하고, 주인다운 태도는 '자주적 입장'과 '창조적 입장'으로 표현된다고 밝혔다. 이와 함께, 사람에게는 '사회정치적 생명'과 이를 지키기 위한 자주성이 중요하다고 강조했다. 김일성이 제시한 주체사상에 대한 개념 규정과 몇 가지 명제들은 주체사상의 체계화 과정에서 절대적인 지침이 되었다.

그런데 주체사상이 체계화되는 과정에서 주체사상은 김일성의 사상 그 자체라기보다는 "김일성 동지 혁명사상의 진수이며 그 전 체계와 내용을 관통하고 있는 근본사상"이라는 점이 강조되었다. 이는 김일성 사상이 주체사상을 진수로 하지만 그보다 더 넓은 범위를 지니고 있음을 주장하는 표현으로서, 김일성의 사상을 새로운 시대의 사회주의, 공산주의를 이끌 보편적 이론으로 격상시키기 위한 포석이었다. 따라서 북한의 이론가들은 곧이어 김일성 사상을 "제국주의가 멸망하며 사회주의와 공산주의가 승리하는 시대의 마르크스-레닌주의"로 규정했다. 이런 주장이 한 걸음 더 나아가면서 '김일성주의'라는 말이 나왔다.

주체사상의 결정적 굴절은 김일성주의의 천명을 계기로 나타났다. 김일성주의라는 말은 1973년부터 통일혁명당이나 재일 조총련 등 북한 외부에 존재하면서 조선노동당의 지도를 받는 단체들이 먼저 쓰기 시작했다. 북한에서 공개적인 김일성주의의 정식화는 1974년경에 이루어졌다. 북한의 이론가들은 주체사상을 진수로 하는 김일성의 사상과 이론 체계가 "마르크스-레닌주의의 단순한 계승 발전이 아니며 매개사상과 이론의 내용에서뿐만 아니라 구성 체계 그 자체에 있어서 종래의 그것과는 다른 독창성을 가지고 있다"며 "과거에는 제시되지 않았는데 우리 시대에 와서 새롭게 제시된 모든 문제들에 대하여 전면적인 해답을 준 독창적인 이론, 사상 체계"라고 주장했다. 따라서 김일성의 사상과 이론 체계는 '우리 시대의 마르크스-레닌주의'를 넘어 '김일성주의'라 부를 수 있다는 것이었다.

북한 지도부는 주체사상을 김일성주의로 격상시키는 것과 동시에 사상의 해외 수출을 시도했다. 마치 마오쩌둥 개인숭배와 더불어 고조된 마오쩌둥 사상의 절대화 작업이 그 사상의 해외 수출로 이어졌듯이, 주체사상 역시 사상이 절대화되면서 해외로 진출하기 시작한 것이다. 주체사상의 해외 수출은 1970년대 초반에 시작되었다. 1974년에 김일성주의가 공식 천명되면서 재일 조총련을 통한 주체사상의 일본 전파가 시도되었다. 그러나 이 때문에 조선노동당과 일본공산당은 갈등관계로 돌아서게 되었으며, 끝내 일본공산당은 조선노동당을 패권주의로 규정했다.

그런데 김일성주의는 조총련과 북한의 이론가들에 의해 보편적인 사상 이론으로 천명되고 그들 내부에서 광범하게 쓰이긴 했지만, 북한 당국이 이를 대외적으로 공식 천명한 적은 없었다. 아마 김일성주의의 이론 체계 자체가 완벽하지 못했던 탓도 있지만, 보다 핵심적인 이유는 국제공산주의운동 진영이 보일 반응을 우려해서였던 것 같다. 만약 김일성주의가 마르크스-레닌주의를 대체하는 보편적인 사상 이론으로 자신을 내세운다

주체사상에 관한 국제토론회

북한 지도부는 주체사상을 김일성주의로 격상시키는 것과 동시에 1970년대 초부터 사상의 해외수출을 시도했다. 사진은 1977년에 평양에서 열린 주체사상에 관한 국제토론회 모습이다.

면, 그것은 논리적으로 볼 때 조선노동당이 각국의 공산당에게 마르크스-레닌주의를 포기하고 김일성주의를 받아들이도록 요구하는 것이 된다. 따라서 사회주의 진영이 건재하고 프롤레타리아 국제주의가 여전히 기본 대의로 남아 있던 1970~80년대에 북한이 대외적으로 '마르크스-레닌주의를 대체한 김일성주의'를 주장했다면, 북한은 엄청난 국제적 비판과 함께 사회주의 진영 내에서 고립의 길을 걸었을 가능성이 높다. 그러나 공개적 천명 여부와는 상관없이 북한사회에서 김일성주의는 마르크스-레닌주의를 대체한 사상 이론이라는 이데올로기적 담화로서 광범하게 유포되었다.

이처럼 1974년을 기점으로 주체사상을 핵심으로 한 김일성 사상은 마르크스-레닌주의에 대한 계승성보다는 독창성이 강조된 '김일성주의'로 천명되었다. 김일성주의는 1980년대에 이르러 김정일이 주체사상을 철학적 원리와 사회역사 원리, 지도적 원칙의 기본 체계를 갖춘 사상·이론·방법의 전일적 체계라고 주장하면서 넓은 의미의 주체사상이라는 의미를 지니게 되었다.

결국 주체사상은 1960년대 후반부터 1970년대 초반의 과도기를 경과하면서 보편적 사상으로 '격상'되었다. 그러나 그 '격상'은 주체사상의 기본 성격을 바꾸고 그 합리성을 상당부분 훼손시킨 하나의 굴절이었다고 보는 것이 옳을 것이다. 사실 주체사상의 김일성주의로의 '격상'은 합법칙적인 발전 경로였다기보다는 김일성 중심의 유일체제를 재생산해내기 위한 사상적 수단으로 후계자 김정일에 의해 목적의식적으로 추진되었다. 따라서 주체사상이 이론적으로 정치화되고 교조화될수록 이 사상이 대두한 초기의 문제의식이었던 북한 사회주의의 발전 전략이라는 의미는 훼손되었다. 그와 함께 초기 주체사상이 지녔던 실용성과 합리성도 그만큼 약화되었다.

김정일의 후계자 부상과 3대혁명소조운동

김일성의 절대권력을 제도화한 유일체제가 형성되자, 조선노동당 내에서는 후계자 문제가 대두되었다. 사실 수령이 존재하는 한 후계자가 있어야 한다는 것은 논리적 귀결이므로, 유일체제의 형성은 처음부터 후계자 문제를 안고 있었다. 조선노동당 일각에서는 1970년대 초부터 후계자 문제가 거론되기 시작했으며, 그 과정에서 이미 1967년부터 권력 핵심부에 진입해 있던 김일성의 장남 김정일이 후계자로 부상했다.

김정일은 1942년에 태어나 1961년 7월에 조선노동당에 입당했으며, 1964년 봄에 김일성대학을 졸업했다. 그의 본격적인 정치 활동은 대학을 졸업하고 조선노동당 중앙위원회에 배속되는 1964년부터 시작되었다. 그해 4월 1일 김정일은 당 중앙위원회에 배속 받았으며, 6월 19일에는 본격적으로 당 사업을 시작했다.

김정일은 1967년부터 북한의 권력구조 내에서 두각을 나타내기 시작했다. 1967년 5월에 열린 조선노동당 중앙위원회 제4기 15차 전원회의에서 박금철 등 당의 지도급 간부들과 선전·문화를 담당하던 간부들이 유일사상을 위배하는 정책을 추진했다고 비판받고 숙청될 때, 실무적 차원에서 이를 주도한 것이 김정일이었다. 그는 이 회의 이후 유일사상 체계를 확립한다는 명목으로 계속 당내 사상투쟁을 벌여나갔으며, 김일성 개인숭배 캠페인을 주도했다. 특히 선전선동의 중요 수단인 문학·예술 부문과 출판·보도 부문은 직접 관장했다.

김정일은 1970년 9월에 당 중앙위원회 문학예술부 부부장에 임명되었다. 그는 1970년대에 접어들면서 당내 활동의 폭을 넓혀, 1972년 10월에는 당 중앙위원이 되었고 1973년 7월에는 당 중앙위원회 부장에 임명되었으며, 그해 9월에는 당 중앙위원회 비서국의 조직·선전 담당 비서로 선임되었다. 곧이어 1974년 2월에 열린 당 중앙위원회 제5기 8차 전원회의에서는 당내 핵심 권력기구인 중앙위원회 정치위원회의 위원이 되면서 후계자로 공인되었다.

김정일의 후계자 부상과 함께 북한사회에서는 세대교체 움직임이 가속화되었다. 1970년대가 북한혁명 30년이 경과하는 시기였음을 고려할 때, 이 세대교체 움직임에는 자연스러운 측면도 있었다. 1970년대에 혁명 1세대는 이미 60~70대의 노령에 접어들고 있었으며, 사회도 크게 바뀌고 있었다. 당시 북한사회는 과거 격동의 시기에 비하면 한층 안정되어 있었으며, 사회적 안정은 점차 정치 지향의 지도자보다 정치·실무역량을 고루 갖춘 지도자를 요구하게 되었다. 게다가 국방력 강화로 경제적 난관이 누적된 상황에서, 이를 타개하기 위해서는 전 사회적으로 새로운 힘의 충전이 필요했다. 전체적으로 북한사회는 실무역량을 갖춘 새로운 세대를 발탁하고 그들을 키워야 할 필요성을 직면하고 있었던 것이다.

이런 상황에서 김일성은 1973년 2월에 3대혁명소조운동을 발기했다.

후계자로 부상한 김정일

1967년부터 북한의 권력구조 내에서 두각을 나타내기 시작한 김정일은 유일사상 체계를 확립하기 위한 당내 사상투쟁을 벌여나가면서 김일성 개인숭배 캠페인을 주도했다. 김정일의 후계자 부상과 함께 북한사회에서는 1970년대부터 세대교체 움직임이 가속화되었다. 사진은 김정일이 영화 촬영 현장을 찾아 현지지도를 하고 있는 모습이다. 김정일은 『영화예술론』을 집필할 정도로 영화에 관심이 많았으며, 영화와 예술을 정치적 수단으로 적극 활용했다.

김일성의 발기에 따라 당과 정권기관의 젊은 일꾼들과 대학 졸업반 학생들을 중심으로 수만 명의 젊은 엘리트가 사상, 기술, 문화혁명을 추동하는 3대혁명소조라는 이름으로 공장, 기업소, 협동농장에 파견되었다. 3대혁명소조는 대체로 20~30명을 한 조로 해서 현장에 파견되었으며 대기업소 같은 대규모 사업장에는 50명 정도가 파견되었다. 초기 3대혁명소조는 생산현장에만 파견되었지만, 곧이어 교육·문화 분야로까지 파견 범위가 확장되었다. 김일성은 생산현장에 3대혁명소조를 파견한 목적에 대해 "간부들을 잘 도와주어 그들이 보수주의를 비롯한 낡은 사상을 버리고 당이 요구하는 대로 일을 잘하도록 함으로써 우리나라의 경제를 더욱 빨리 원만하게 발전시켜나가려는 데 있다"고 설명했다. 그러나 이런 공식적 명분 이면에는 당내 세대교체를 준비하기 위한 후계 세대의 양성이라는 목적이 숨어 있었다.

3대혁명소조운동을 통해 북한사회에 새로운 세대의 바람이 몰아치는 가운데, 각 생산현장에서는 이 새로운 세대의 열의를 생산력 증대와 연결시키려는 일련의 운동들이 전개되었다. 그 운동은 주로 사상 사업 분야의 성과를 증산으로 연결시키는 형태로 나타났다. 김정일은 사상·기술혁명을 결합시킨 새로운 경제 사업 방식으로 속도전을 제시했으며, 이를 위해 모든 생산현장에 생산 독려를 위한 경제선동대가 대대적으로 동원되었다. 그와 함께 각 생산 단위에는 예술영화 〈피바다〉와 〈꽃 파는 처녀〉의 주인공들을 전형으로 한 '피바다 근위대'와 '꽃 파는 처녀 근위대'가 조직되었다. 영화 속 주인공들처럼 살며 일하자는 취지에서 만들어진 이 근위대는 생산현장에서 3대혁명의 선봉대 역할을 맡았다.

한편 북한의 선전 매체들은 김정일이 정치위원에 취임하자 그를 이름을 밝히지 않은 채 '당 중앙'이라고 호칭하기 시작했다. 이는 김정일의 정치위원 취임이 곧 당 중앙위원회가 그를 후계자로 추대했다는 의미였다는 것을 보여준다. 그의 정치위원 취임은 당내 권력구조에 실질적으로 매우 중요한 영향을 미쳤다. 실제로 그는 정치위원에 취임하자마자 당내 실권을 장악해나갔다. 그의 움직임은 혁명 1세대의 퇴진을 재촉하고, 지도부내의 신진대사를 촉진시켰다. 김정일이 당 비서에 취임한 1973년 가을 이후, 혁명 원로인 최용건(국가부주석)과 김일(정무원 총리)의 활동이 급격하게 둔화되었다. 반면 혁명 2세대나 실무형 지도자들의 발탁이 두드러지기 시작했다.

김정일은 정치위원 취임을 계기로 그때까지 김일성이 지도하던 3대혁명소조운동을 대신 지도하면서 이 운동의 지도 체계를 자신이 관장하는 당 중앙위원회로 집중시켰다. 이른바 '당 중앙'의 유일적 영도가 관철되도록 지도 체계를 고친 것이다. 한편 김정일은 후계자가 되면서 주체사상의 해석권을 독점하고 이 사상의 체계화에도 박차를 가했다. 김정일 전기에 따르면, 그는 1974년 2월에 이 사상을 김일성주의로 정식화했다고 한다. 1982년에는 주체사상의 이론적 집대성으로 평가되는 「주체사상에 대하여」를 집필했다. 뿐만 아니라 김정일은 '혁명적 수령관'의 연장에서 후계자의 필요성과 자질, 지위와 역할 등을 내용으로 하는 후계자론을 제시함으로써 스스로 후계 체제의 이론적 정당화를 시도했다.

경제난 극복을 위한 외자 도입과 실패

미·중 데탕트가 몰고 온 국제정세의 변화와 북한 경제의 상황 악화는 북한으로 하여금 서방과의 관계 개선에 적극적으로 나서도록 만들었다. 북한은 1970년대 들어서 중국의 유엔 가입이 이루어지고 국제정세의 변화로 인해 남한과의 외교적 경쟁이 치열해지자, 기존의 비동맹 일변도의 외교에서 벗어나 유엔을 무대로 한 대서방 외교에 나섰다. 그와 함께 어려워진 경제 사정을 호전시키기 위해 서방과의 관계 개선을 서둘렀다. 경제난이 사회주의 진영의 도움만으로 해결하기 어려운 지경에 이르자 서방 자본을 유치하여 이를 극복하고자 했던 것이다.

북한은 그동안 수정주의로 몰아붙였던 유고와 화해했으며, 1973년에는 스웨덴·핀란드·노르웨이·덴마크·아이슬란드 등 북유럽 국가들과 외교관계를 수립했다. 1974년에는 호주·오스트리아·스위스 등과 수교하고 1975년에는 포르투갈과도 외교관계를 맺었다. 이런 외교 정책의 변화가 있기 전까지 북한은 서방 국가 중 프랑스(1968)와 핀란드(1969)에 무역대표부를 둔 것이 유일했다.

북한 각급 기관들의 대외 활동도 활발해졌다. 1972년과 1973년에는 최고인민회의 대표단이 사상 처음 북유럽을 방문했으며, 만수대 예술단은 프랑스, 영국, 이탈리아 등에서 공연을 가졌다. 『뉴욕타임스』, 『워싱턴 포스트』 같은 미국의 유력 신문에 김일성 광고도 냈다.

북한은 일본과 미국 내 비정부 부문과의 관계 형성에도 많은 노력을 기울였다. 그 결과 1970년 8월에 일본사회당 대표단이 북한을 방문하여 김일성을 만나 조선노동당과 양당 공동코뮤니케를 발표했으며, 1972년 6월에는 조선 대외문화 연락협회 대표단과 일본 공명당 대표단이 공동성명을 발표했다. 김일성은 『아사히신문』(1971. 9. 25), 『교토통신』(1971. 10. 8), 『요미우리신문』(1972. 1. 10) 등 유력한 일본 언론 매체와 인터뷰를 가졌다. 나아가 1972년 5월에는 『뉴욕타임스』의 솔즈베리 기자를 만나 회견하면서, 북미관계 개선을 위해서는 미국이 먼저 내정간섭, 미군 주둔, 일본 군국주의 재생 방조 등과 같은 북한에 대한 "비우호적 정책"을 바꾸어야 한다고 주장했다. 아울러 미국이 미·중 공동성명에서 남북접촉을 지지한다고 한 점을 상기시키며 이를 준수할 것을 강조했다.

한편 북한은 공산권 외교에서도 1960년대 내내 지속되었던 소련 및 중국과의 애증관계를 청산하고 다시 정상적인 우호 협력관계를 추구해나갔다. 북한은 이때부터 1980년대 중반 탈냉전을 주도한 고르바초프 소련 공산당 서기장이 등장하기 전까지 중국과 소련 사이에서 독자적인 균형외교를 취했다.

1970년대 전반기는 김일성이 이끌어간 북한 역사에서 대외관계가 가장 활발하게 전방위적으로 전개된 시기였다. 그러나 이는 오래가지 못했다. 1970년대 중반부터 세계적으로 신냉전이 도래하고 남북대화가 중단되면서 북한의 대외관계 폭은 다시 사회주의 진영 내부로 움츠러들었다.

북한은 서방 국가들과의 관계 개선을 추구하면서 경제난 극복을 위해 차관을 빌렸다. 예컨대 1971년부터 1974년 사이에 일본, 스웨덴, 핀란드, 스위스 등으로부터 연리 6~7%에 4~5년 기간의 차관 형식으로 다량의 기계장비와 수송 차량들을 도입했다. 국제 금융권으로부터도 장기 차관을 획득했다. 북한이 이 시기에 서방으로부터 받은 원조와 차관은 12억 달러를 넘는 것으로 알려졌다. 이렇듯 활발한 대서방 경제 교류 결과, 1974년 북한의 총 교역량 중 일본, 유럽 국가 등 서방 선진국들과의 교역이 차지하는 비율이 40~50%에 이르렀다.

그러나 북한의 대서방 경제관계는 북한이 서방에서 빌린 차관을 갚지 못하면서 위기에 봉착했다. 북한은 서방으로부터 대규모 차관을 도입하면서 국내에서 생산되는 아연, 동과 같은 비철금속의 수출을 통해 이를 상환하려 했다. 그러나 1974년부터 비철금속의 국제가격이 크게 하락하면서 문제가 발생했다. 무연탄, 비료, 식품 등 북한이 현금 확보를 위해 수출할 수 있는 물품들의 생산 증가율도 크게 둔화되었다. 설상가상으로, 서방에서 수입하는 선진 기계류 등의 가격이 상승하고 1973년 가을에 발발한 제4차 중동전쟁을 계기로 석유 가격이 급등하여 기계를 돌리는 데 필요한 비용도 증가했다.

북한의 외채 상환에 적신호가 켜진 것은 북한이 선진국들과 진행한 협력 사업이나 수입 선진 시설 장비를 제대로 활용할 능력을 갖추지 못한 데도 원인이 있었다. 실제 수요와 생산용량에 대한 충분한 검토 없이 서방 국가들과 공장 건설을 추진했고, 전문기술요원이 부족한 상태에서 새로운 설비와 기술이 들어왔다. 또한 서방과 협력을 추구하면서도 서방 국가들로부터 물품을 수급하기 위해서는 도로, 항만 등의 부족한 기반 시설을 확충해야 한다는 점을 간과했다.

대내외적 경제 상황이 악화되자 북한은 외채 상환을 지연시켰으며, 급기야 1974년에는 모든 상환을 중단할 수밖에 없게 되었다. 이로써 서방

산비탈을 개간한 다락밭

북한은 1970년대 중반부터 식량 자급을 위해 김일성이 제안한 '자연개조 5대 방침'의 하나로 다락밭 건설을
의욕적으로 추진했다. 산마루까지 빽빽하게 이어진 다락밭은 부족한 경지면적을 늘리는 데 크게 기여했지만,
급격한 산림 훼손과 토사 유실로 인한 홍수, 농경지 범람의 원인이 되기도 했다.

자본의 힘을 빌어 경제 발전을 도모하고자 했던 북한의 전략은 실패로 돌아가고, 오히려 국제사회에 신용-불량국가라는 부정적인 이미지만 남기게 되었다. 그 결과 북한은 3대 기술혁명(중노동과 경노동의 차이를 줄이고, 농업노동과 공업노동의 차이를 줄이며, 여성을 가사노동의 부담에서 해방시키는 것)을 앞세우며 1971년부터 시작한 6개년 계획을 제대로 달성하지 못했다. 북한은 6개년 계획 실천 시기가 김정일의 후계자 옹립 및 그의 3대혁명소조운동 지도와 겹쳤기 때문에 그의 업적을 찬양하기 위해 6개년 계획이 1년 4개월 앞당겨 달성된 것으로 발표했지만 실상은 반대였다. 1977년에는 차기 경제 계획을 시행하기 전에 기존 계획연도에서 발생한 차질들을 보완하기 위해 1년간 완충기를 가져야 할 정도로 북한 경제의 난관은 지속되었다.

사회적 도덕률이 된 수령제 담론

유일체제가 정치사회적으로나 법적으로 공고화되면서, 북한 지도부는 이 체제를 북한 주민들의 삶 속에 뿌리내리게 하기 위해 대중 학습망을 통해 새로운 사회적 담론들을 유포시켰다. 혁명적 수령관과 사회정치적 생명체론이 그것이었다.

먼저 1장 스페셜 테마에서 잠깐 다룬 혁명적 수령관부터 살펴보자. 북한 정치 체계의 정점에는 '수령'이 있다. 혁명적 수령관은 '혁명투쟁에서 수령이 차지하는 지위와 역할'에 대해 북한이 제시하는 견해와 관점을 일컫는 말이다. 북한의 이론가들은 1970년대 초부터 대중이 역사의 주체가 되는 데 수령의 지도가 얼마나 중요한지 강조하기 시작했다. 그들은 역사의 창조자는 인민대중이지만 지도자 없는 대중은 무의식적이고 비조직적인 군중에 지나지 않으며, 지도자의 영도가 없는 혁명운동은 산만하고 자연발생적인 상태를 면치 못하기 때문에, 노동 계급과 근로대중이 혁명과 건설을 위한 투쟁에서 승리하기 위해서는 수령의 영도가 필수적이라고 주장했다. 즉 수령의 현명한 영도는 프롤레타리아독재국가 건설을 위한 투쟁에서 "승리의 결정적 요인"이라는 것이다. 인민대중은 역사의 주체이지만 그들 스스로 역사의 자주적인 주체가 되는 것은 아니며, 오직 '수령의 영도 밑에 하나로 통일 단결될 때' 자주적인 주체가 된다는 것이다.

이런 혁명적 수령관은 수령을 '개인'이 아닌 '제도'로서 파악한다. 그리고 수령, 당, 대중은 하나의 통일체로 파악된다. 이를 통해 혁명적 수령관은 혁명의 주체가 수령, 당, 대중의 통일체라는 명제 위에 수령에 대한 충실성=당에 대한 충실성=인민에 대한 충실성이라는 단순논법을 만들어내고, 실제 정치 과정에서는 수령에 대한 충실성을 일방적으로 강조할 수 있는 논리구조를 마련할 수 있었다.

한편 사회정치적 생명체론은 북한사회를 모델로 한 유기체적 체제관을 일컫는 것으로서, 1970년대부터 산발적으로 논의되다가 1980년대에 김정일에 의해 정식화되었다. 북한에서 사회정치적 생명체는 혁명적 수령관에 기초해 형성된 당·국가·사회를 포괄하는 총체적 의미의 사회 체제를 뜻한다. 사회정치적 생명체론은 기본적으로 생명의 이분법에서 출발한다. 이 이론에 따르면 사람들은 생명유기체로서 살며 활동하는 육체적 생명과 함께 사회적 존재로서 살며 활동할 수 있게 하는 정치적 생명을 지니고

인민대학습당에서 주체사상을 학습하고 있는 북한 주민들

1982년에 완공된 인민대학습당은 평양산원, 주체사상탑, 개선문과 함께 김정일의 지도하에 북한식 사회주의의 성과를 과시하기 위해 세워진 기념비적 건축물이다. 인민대학습당에는 연구와 독서 활동을 할 수 있는 6백 개의 방이 있고, 천여 권의 김일성, 김정일 선집이 비치되어 있다.

있다. 그중에서 보다 중요한 생명은 정치적 생명이다. 개인의 육체적 생명은 끝나도 그가 지닌 사회정치적 생명은 사회정치적 생명체와 더불어 영생하게 된다는 것이다.

그런데 사회정치적 생명체론에 따르면 사회정치적 생명체에서 수령은 그 생명의 중심이다. 사회정치적 생명체는 많은 사람들로 이루어져 있기 때문에 사회정치적 집단의 생명 활동을 통일적으로 지휘할 중심이 있어야 하는데, 그것이 수령이다. 이 이론에 의하면, 육체적 생명은 친부모가 주지만 정치적 생명은 수령이 준다고 한다. 조선노동당의 조직과 당이 영도하는 정치 조직의 성원으로서 조직생활에 적극 참가함으로써 수령과 혈연적 관계를 맺을 때 정치적 생명을 받게 되고 유지 공고화된다는 뜻이다. 따라서 수령-당-대중은 사회정치적 생명체 내에서 '혈연적 관계'로 맺어진다고 규정되고, 대중에게는 '생명의 은인'인 '어버이 수령'에게 충성과 효성을 다할 것이 요구된다. 그리고 이에 대한 반대급부로 '백성을 하늘처럼 섬긴다'는 이민위천以民爲天에 바탕한 수령의 인덕정치가 약속된다.

사회정치적 생명체론은 자기 체제를 유지하기 위해 혁명적 의리와 동지애라는 그들만의 도덕률을 창출해냈다. 이 이론은 수령-당-대중을 하나의 운명공동체로 규정하여 "아무리 체제가 잘못된다 해도 그것은 지도자와 대중이 모두 포괄되는 전체 사회구성원 공동의 책임이며 혁명적 의리와 동지애를 간직한 사람이라면 어떤 경우에도 수령을 배신해서는 안 된다"는 논리를 성립시키고 있다. 이와 관련해서 김정일은 '혁명적 의리'를 가진 사람이라면 어떤 바람이 불어와도 "자기 수령, 자기 당, 자기 조국을 배반하는 일이 없을 것"이라고 주장했다.

주체사상의 내용과 체계

북한의 주체사상은 무엇인가? 북한의 사상은 모두 주체사상인가? 주체사상을 논하는 사람이라면 마땅히 이런 질문을 던져봐야 한다. 그러나 아직 많은 이들에게 주체사상의 의미는 명확하지 않다. 그러다 보니 철학자들이 보는 주체사상은 주체사상의 철학적 원리를 의미하고, 사회과학자들에게는 북한의 모든 사상을 의미하는 하나의 편리한 용기로 이해되어왔다.

주체사상은 흔히 "혁명과 건설의 주인은 인민대중이며 혁명과 건설을 추동하는 힘도 인민대중에게 있다는 사상" 혹은 "자기 운명의 주인은 자기 자신이며 자기 운명을 개척하는 힘도 자기 자신에게 있다는 사상"으로 규정된다. 그러나 이런 추상적 언명 뒤의 구체적인 논리를 들여다보면, 주체사상은 이원적 구조로 이루어져 있다. 이 이원적 구조는 이론과 역사 모두에서 나타난다.

이론적 측면에서 주체사상은 좁은 의미의 주체사상과 김일성주의를 일컫는 넓은 의미의 주체사상으로 나뉜다. 좁은 의미의 주체사상이란 철학적 원리, 사회역사 원리, 지도적 원칙으로 구성된 본래 의미의 주체사상을 가리킨다. 이 주체사상은 1982년에 김정일이 발표한 논문 「주체사상에 대하여」에서 정밀하게 체계화되었다.

　주체사상의 철학적 원리는 "주체사상은 사람 중심의 새로운 철학사상"이라는 선언으로부터 시작된다. 철학적 원리는 주체사상의 전체 체계를 규정하는 두 개의 명제를 중심으로 이루어져 있다. 첫 번째 명제는 세계에서 사람이 차지하는 지위와 역할에 관한 것으로서 "사람이 모든 것의 주인이며 모든 것을 결정한다"는 것이다. 이로부터 주체사상은 "사람을 위주로 하여 철학의 근본 문제를 제기"한 사람 중심의 철학으로 규정된다. 두 번째 명제는 사람의 본질적 특성과 관련된 것으로서 "사람은 자주성과 창조성, 의식성을 가진 사회적 존재"라는 것이다. 이런 본질적 특성에 의해 사람은 세계에서 특별한 지위와 역할을 차지할 수 있다고 규정된다.

　여기서 자주성은 "세계와 자기 운명의 주인으로서 자주적으로 살며 발전하려는 사회적 인간의 속성"으로 간주되며, 사회적 존재인 사람의 사회정치적 생명으로 규정된다. 그리고 창조성은 "목적의식적으로 세계를 개조하고 자기 운명을 개척해나가는 사회적 인간의 속성"으로 정의되며, 의식성은 "세계와 자기 자신을 파악하고 개변하기 위한 모든 활동을 규제하는 사회적 인간의 속성"으로 규정된다.

　사회역사 원리는 철학적 원리에 기초해서 사회역사의 운동 법칙을 밝힌 것이다. 즉 "세계의 한 부분인 사회가 역사적으로 어떤 원인에 의하여 변화 발전하는가, 역사를 전진시키고 사회를 발전시키자면 어떻게 해야 하는가"를 규명했다는 것이 사회역사 원리이다. 이 사회역사 원리는 사회역사적 운동의 주체·본질·성격·추동력 등 네 가지 부문에서 자기 원리를 밝히고 있다. 그중 가장 주목할 것은 "인민대중은 사회역사의 주체이다"라는 명제이다. 철학적 원리의 '세계에서 사람이 차지하는 지위와 역할'로부터 연역된 이 명제는, 철학적 원리에서 세계의 주인인 사람이 사회역사 원리에 와서 사회역사적 집단인 인민대중으로 보다 구체화되어 나타났음을 보여준다. 여기서 인민대중은 "혁명과 건설의 주인이며 자연을 개조하고 사회를 발전시키는 결정적 요인"으로 규정된다.

그런데 사회역사 원리는 이 부분에서 "역사의 주체"와 관련하여 쟁점이 될 만한 중요한 문제를 제기하고 있다. 그것은 사회역사 원리가 "인민대중이 역사에서 주체로서의 지위를 차지하고 역할을 다하자면 지도와 대중이 결합되어야 한다"고 밝힌 점이다. 이와 관련하여 김정일은 "인민대중은 역사의 창조자이지만 옳은 지도에 의하여서만 사회역사 발전에서 주체로서의 지위를 차지하고 역할을 다할 수 있다"고 했다. 즉 인민대중은 사회역사의 주체이지만 저절로 주체의 지위를 고수하고 역할을 다하는 것이 아니라 반드시 옳은 지도와 결합되어야 한다는 것이다. 그런 맥락에서 지도와 대중의 결합은 역사의 주체로서 인민대중의 지위와 역할을 담보하는 근본 요인으로까지 규정된다. 그러나 이런 규정으로 인해 "인민대중은 사회역사의 주체"라는 명제가 구체적인 역사현실 속에서 관철되기 위해서는 지도라는 개념이 매개되지 않으면 안 되게 되었다. 이로써 "인민대중은 사회역사의 주체"라는 명제는 독자적으로 자기 완결성을 가지지 못하고 수령의 지도라는 개념을 통해서만 사회역사 원리의 핵심 테제로서 완성될 수 있게 된 것이다.

이렇게 지도와 대중의 결합을 주체사상 체계 속에서 최초로 제시한 김정일은 지도의 주체를 당과 수령으로 규정했다. 그렇지만 노동 계급의 당은 "수령의 사상과 영도를 실현하기 위한 정치적 무기"이고 당의 영도는 "곧 그 당을 창건하고 이끄는 노동 계급의 수령의 영도"로 규정됨으로써, 사실상 지도의 본질은 수령의 지도를 의미하게 된다. 바로 이 "(수령의) 지도와 대중의 결합"에 대한 사회역사 원리의 규정을 통해, 혁명적 수령관은 주체사상과 결합할 수 있는 이론적 공간을 획득하게 되었다.

지도적 원칙은 모든 정치생활 단위가 주체사상의 철학적 원리와 사회역사 원리를 실제생활에서 견지하기 위해 필요한 원칙들을 구체적으로 밝힘으로써 "당 및 국가 활동, 혁명과 건설의 모든 분야에서 주체를 세우기 위한 지침"으로 규정된다. 따라서 지도적 원칙은 북한사회 운용의 총노선적 성격을 지닌 명제들로 구성되어 있다. 지도적 원칙은 다음 3개의 명제로 구성된다. 첫 번째 명제로 "자주적인 입장을 견지"할 것을 천명하고 있다. 이 자주성을 실현하기 위해 사상에서 주체, 정치에서 자주, 경제에서 자립, 국방에서의 자위 원칙을 실현해야 한다고 주장한다. 이 네 가지 원칙은 1960년대 중반에 천명된 주체사상의 초기 정식화에 해당하는 테제들이다. 두 번째 명제는 "창조적 방법의 구현"이며 세 번째 명제는 혁명과 건설에서 "사상을 기본으로 틀어쥐어야 한다"는 것이다.

지금까지 설명한 주체사상이 본연의 주체사상이라고 할 수 있다. 하지만 우리가 일반적으로 '주체사상'이라고 지칭하는 것은 이보다 외연이 넓다. 즉 넓은 의미의 주체사상으로서, 김일성주의가 바로 그것이다. 흔히 "김일성 동지의 혁명사상"이라 일컬어지는 김일성주의는 원래 본연의 주체사상, 즉 좁은 의미의 '주체사상을 정수로 하여' 이론과 방법을 포괄한 김일성의 사상을 가리키는 말이었지만, 오늘날 그대로 주체사상이라 불리고 있다. "김일성 동지의 사상, 이론, 방법을 주체사상이라고 말한다"는 김정일의 규정이 이를 잘 보여준다. 즉 북한사회에서 김일성주의는 주체사상인 것이다.

주체사상의 해석권을 독점해온 김정일은 세계의 시원(始原) 문제가 선행 철학인 마르크스주의에 의해 유물론적으로 밝혀진 위에 주체사상이 "세계에서의 사람의 지위와 역할 문제를 철학의 근본 문제로 새롭게 제기하고 세계의 주인이 누구인가 하는 문제에 해답을 주었다"고 주장했다. 그는 이런 맥락에서 "사회를 물질적 조건을 위주로 하여 볼 것이 아니라 사람을 중심으로 하여 보아야 하며 사회의 발전 과정을 자연사적 과정으로 볼 것이 아니라 사회적 운동의 주체인 인민대중의 자주적이며 창조적인 활동 과정으로 보아야"한다고 주장했다. 북한의 이론가들은 이를 주체사상의 이론적 핵심이라 보고 있다.

넓은 의미의 주체사상, 즉 김일성주의는 주체사상, 혁명 이론, 영도 방법의 3대 구성으로 이루어진 전일적 체계로 설명된다. 김일성주의는 "주체사상을 정수로 하는" 김일성의 혁명사상이 마르크스-레닌주의를 대체한 독창적 개념임을 내세우기 위해 사용된 말이다. 김일성주의에서 말하는 이론이나 방법은 북한 사회주의 건설 과정에서 김일성이 내놓았다는 각종 혁명 이론과 영도 방법을 가리킨다. 북한의 이론가들이 이를 체계화시켜 김일성주의의 구성 부분으로 자리매김한 것이다. 이렇게 해서 김일성주의의 구성 부분이 된 혁명 이론으로는 반제 반봉건 민주주의 혁명론, 사회주의 혁명 이론, 사회주의·공산주의 건설 이론, 인간 개조 이론, 사회주의 경제 건설 이론, 사회주의 문화 건설 이론 등이 있으며 영도 방법으로는 영도 체계와 영도 예술이 있다.

그런데 주체사상은 역사적 형성 과정에서도 뚜렷이 2단계로 나뉜다. 역사로서의 주체사상은 하나가 아닌 둘이라는 것이다. 역사로서의 주체사상은 1967년을 기점으로 나뉜다. 1967년 이전의 주체사상은 북한 사회주의 발전 전략 차원에서 제시된 것으로, 공동체 전체의 생존을 위한 담론의 성격을 지녔다. 흔히 우리가 사상에서 주체, 정치에서 자주, 경제에서 자립, 국방에서 자위라는 4대 원칙으로

기억하는 것이 이것인데, 이 주체사상은 마르크스-레닌주의의 하위사상으로 위치지어졌고 상당한 합리성을 띠고 있었다.

그러나 현재의 주체사상은 1967년을 계기로 굴절되기 시작해 오늘에 이른 것으로, 그 전과 판이하게 다른 모습을 띤다. 1967년 이래 주체사상이 유일체제 구축을 위한 지배권력의 통치 담론 성격을 강하게 띠면서 변질 · 변용된 것이다. 그 결과 현재의 주체사상은 마르크스-레닌주의를 대체한 '보편적 사상 이론'으로 자신을 주장하게 되었다.

유일체제로서의 북한사회

1967년 이후 북한체제의 성격은 한마디로 '유일체제' 라는 말로 표현할 수 있다. 유일체제는 북한사회의 특징을 가장 분명하게 보여주는 '북한적인 현상' 이다. 유일체제는 권력이 최고지도자인 수령 1인에게 집중되어 있을 뿐 아니라, 그 1인을 중심으로 전체 사회가 하나의 틀로 편제되어 있으며, 그것을 뒷받침하는 이론적 체계까지 갖추고 있는 정치사회구조를 일컫는다. 이 체제는 1인의 절대권력자가 군대와 경찰 등 물리력을 기초로 운용하는 단순한 단일 지도 체계와는 달리, 힘뿐만 아니라 자신을 정당화시켜주는 이데올로기와 사회문화적 정서까지 스스로 재생산해낸다. 유일체제로서 북한사회가 지닌 특징은 다음과 같다.

첫째, 유일체제에서는 권력의 일인집중이 어느 체제보다 강도 높게 나타난다. 이 체제는 한마디로 "수령의 사상을 지도적 지침으로 하여 혁명과 건설을 수행하며, 수령의 사상과 명령, 지시에 따라 전당, 전국, 전민이 하나와 같이 움직이는 체계" 이다. 따라서 이 체제에서 수령은 절대권력을 소유하게 된다. 1994년 수령 김일성이 사망하기 전까지 북한에서 유일체제의 핵인 수령은 당에서 조선노동당 총비서라는 최고직책과 국가기구에서 국가주석이라는 지위를 가지고 있었다. 그리고 김정일 시대로 통칭되는 오늘날, 수령은 1998년에 국가주석 직이 폐지된 이후 조선노동당 총비서와 '국가수반'의 성격을 띤 국방위원장의 지위를 갖고 있다.

둘째, 유일체제는 동원화되고 군사화된 사회 체계를 자신의 강력한 재생산 기반으로 삼고 있다. 이 사회가 동원화와 군사화를 통해 추구하는 힘의 관성은 수령을 향한 동심원적이며 수직적인 구심력이다. 그리고 이 동원화와 군사화를 가능케 하는 문화는 이른바 양군대전(兩軍對戰)적 사고방식이다. 모든 문제를 사회주의와 자본주의, 자주성과 예속성, 현실주의와 반현실주의, 집단과 개인 등 양대 개념의 사활을 건 싸움으로 간주하는 사회문화적 양식이 이 사회의 구성원들을 부대의식(部隊儀式)으로 무장시키고 동원화하며, 나아가 병영사회주의 체제로 몰아간다.

셋째, 유일체제는 자신을 합리화하는 담론과 행위 양식들을 재생산하는 광범한 사회적 체계를 갖고 있다. 북한의 경우 이것은 유일사상 체계이다. 유일사상 체계는 김일성의 혁명사상을 당과 전체 사회의 유일사상으로 확립한 체계를 말하는 것으로, 이 사상 체계의 전 면모는 김일성과 그의 사상에 대한 절대적 충실성을 규정한 '유일사상 10대 원칙'에 잘 나타나 있다.

넷째, 유일체제는 정치와 경제의 관계에서 정치적 목표에 경제의 합리성을 종속시키는 정치 우선 논리를 관철시키고 있다. 경제 사업은 일반적으로 정치 사업의 후순위에 배치되며, 특정한 경제 사업에 대한 강조도 경제적 합리성에 기초해 결정되는 것이 아니라 최고지도자의 정치적 결단이나 선호에 의해 이루어지는 것이 일반적이다.

다섯째, 유일체제는 문화적으로 광범한 개인숭배 현상을 동반한다. 그동안 북한사회에서 개인숭배는 최고지도자의 천재성과 업적에 대한 극단적인 찬양 및 가계의 혁명화를 매개로 재생산되었다. 그 결과 김일성과 김정일이 활동했던 곳을 국가의 최고 사적지로 보존, 선전해왔으며 그들의 생일을 국가 최고의 명절로 기념해왔다. 뿐만 아니라 교육기관에서 김일성, 김정일의 혁명 역사를 정규 과목으로 채택하는 등 북한 내 개인숭배 현상은 이루 헤아릴 수 없을 정도로 다양하게 나타나고 있다.

여기서 김일성과 김정일의 개인적인 생애나 언술을 사회적 담화로 바꾸어 개인숭배를 재생산해내는 사회적 메커니즘은 광범한 학습·교양 체계이다. 이 학습·교양 체계를 통해 수령과 후계자의 생애와 언술을 사회화시킴으로써 대중과의 일체감을 확보하고, 동시에 저항 없는 개인숭배 시스템을 만들어내고자 한 것이다.

남한의 정치 변동과 유일체제 형성의 상관성

1972년 10월 박정희 대통령은 1인 권력 집중과 종신 집권의 야망을 달성하기 위해 '유신'이라는 명목으로 정치적 쿠데타를 단행했다. 그는 유신 쿠데타를 통해 유신 헌법을 만들면서 그 대의를 '통일시대의 대비'에서 찾았다. 그리고 이를 증명하기 위해 통일주체 국민회의를 비롯한 각종 통일 관련 어용기구들을 양산해냈다. 그런 의미에서 유신체제야말로 남한에서 독재자가 자신의 권력 강화와 유지를 위해 분단구조를 악용한 대표적인 사례라고 할 수 있다.

그런데 주목할 것은, 박정희가 장기 집권과 유일적 권력 강화를 제도적으로 보장한 유신 헌법을 제정한 직후, 1972년 12월 27일 북한에서도 최고인민회의 제5기 1차 회의가 열려 김일성 유일체제를 법적으로 보장한 사회주의 헌법이 제정되었다는 점이다. 이를 어떻게 보아야 할까? 단순한 우연의 일치인가, 혹은 남한의 정치 변동과 상관성이 있는 것일까?

앞서 살펴봤듯이 북한은 1948년에 제정된 인민민주주의적 성격의 헌법을 그대로 사용하고 있었기 때문에, 본격적인 사회주의적 내용을 담은 새로운 헌법을 제정할 필요가 있었다. 김일성도 한 연설에서 새로운 헌법의 제정 준비가 이미 조선노동당 5차 대회 이전부터 진행되어왔음을 밝힌 바 있었다. 당시는 2차대전 직후 성립된 대부분의 사회주의 국가들이 보다 사회주의적인 내용을 담은 형태로 헌법을 개정·제정하는 추세였기 때문에, 북한의 사회주의 헌법 제정도 그 틀에서 벗어난 것은 아니었다.

그러나 문제는 새 헌법이 밝힌 권력구조 개편의 내용이었다. 새 헌법은 김일성의 절대권력을 헌법적으로 보장하는 국가주석제를 신설했다. 국가주석제 신설은 당시 권력구조의 변화를 초래할 만한 특별한 정치 변동이 생겨서 이루어진 게 아니라, 이미 수령으로서 절대권력을 확보한 김일성의 지위와 역할을 헌법에 명문화한 것이었다. 결과적으로 남한에 유신체제가 성립하는 시기에 북한에서는 유일체제가 법적으로 완성된 것이다.

이렇듯 두 개의 독재 체제가 동시에 성립한 것은 적대적인 남북관계가 양측 지도자들에게 남북대결에서 발생하는 위기와 긴장을 이용해 독재를 강화할 구실을 주었음을 보여준다. 서로 적당한 긴장과 대결 국면을 조성하고 이를 남북한 위정자 각각의 정치에 유리하도록 대내적 단결과 통합, 혹은 정권 안정화에 이용하는 관계, 즉 '적대적 의존관계'가 극명하게 드러난 것이 10월 유신 직후 단행된 북한의 헌법 제정이었다.

때문에 북한 지도부는 새로운 헌법의 국가주석제 신설이 결코 남한에서 발생한 일련의 정치 변동에 맞대응하기 위한 게 아님을 보여주고자 더욱 세심한 신경을 썼다. 새 헌법 제정과 그에 따른 국가기관 선출을 위해 소집된 최고인민회의 제5기 1차 회의에서는, 연설을 한 김일성뿐만 아니라 새 헌법 토론에 나선 27명 중 누구도 남한에서 일어난 10월 유신과 유신 헌법 제정이라는 중대한 정치 변동에 대해 발언하지 않고 이례적인 침묵을 지켰다. 당시의 『로동신문』에도 유신을 비판하는 기사는 눈에 띄지 않는다. 북한 선전 매체의 특징으로 볼 때 유신체제의 성립은 대남 비난의 엄청난 호재였음에도 일체 비난하지 않았던 것이다. 이 이례적 침묵은 역설적으로 주석제의 신설이 유신체제와 어느 정도 상관성이 있음을 보여준다.

여러 상황을 고려해볼 때, 북한의 주석제 신설에는 북한사회의 내적 필요성이라는 공식 명분 외에 남한의 정치 변동도 일정한 영향을 미쳤다는 설명이 추가되어야 할 것이다. 남한에서의 10월 유신 발생과 1인 권력 독점을 명기한 유신헌법 제정 논의가 보다 강력한 권한을 지닌 주석제의 신설에 영향을 미친 것으로 보인다. 거꾸로 북한에서의 김일성 유일체제 확립이 박정희 독재 권력의 항구적 집권 욕망을 자극한 측면도 있을 것이다.

한편 북한의 후계 체제 형성에도 분단 상황은 어느 정도 촉진적 영향을 끼친 것으로 보인다. 예컨대 김정일이 북한 권력구조의 핵심인 조선노동당 비서국 비서(1973. 9)와 정치국 정치위원(1974. 2)으로 선임되는 것은 10월 유신 직후였고, 그가 공식 후계자로 대중 앞에 모습을 드러낸 1980년 10월은 남한에서 폭압적인 5공화국 정권이 형성된 시기였다. 이런 사실들은 우리로 하여금 남한의 정치 변동과 북한의 권력구조 재편의 상관성에 더 많은 주의를 기울이게 한다.

03

1980년대의 북한은 김정일 후계 체제의 대내외
적 공식화와 체제 위기의 도래로 특징지어진다. 1980년 10월에 열
린 조선노동당 제6차 대회에서 김정일은 처음 공개적으로 모습을 드
러냈으며, 김일성과 함께 당내의 모든 핵심 권력기구의 성원으로 자신의
이름을 올렸다. 그는 이 대회를 계기로 장막 속에서 활동했던 70년대와 달리
대외적으로 자신의 모습을 드러냈다.
북한 지도부는 제6차 당 대회에서 북한사회가 도달해야 할 당면 목표로 '온 사
회의 주체사상화' 를 내세우고 야심차게 '사회주의 경제 건설의 10대 전망 목표'
를 제시했다. 아울러 스스로의 발전 단계를 '사회주의의 완전한 승리를 향한 단

위기시대의 도래

계'로 설정하며 경제 발전을 서둘렀다. 그러나 야심찬 계획과 달리 1978년부터 시작된 2차 7개년 계획과 뒤이은 3차 7개년 계획은 실패를 거듭했으며, 그로 인해 북한사회는 경제적으로 저발전의 나락에 깊숙이 빠져들었다.

설상가상으로 1980년대 중반부터 나타나기 시작한 사회주의 진영의 몰락 조짐은 북한 경제를 더욱 어렵게 만들고, 북한으로 하여금 외교적 고립에 빠져들게 했다. 북한은 대내외정세의 불리한 변화에 대응해서 대외 경제관계를 확장하고 남한 및 서방 선진국들과 관계 개선에 나섰지만 별다른 성과를 거두지 못했다. 결과적으로 북한 지도부는 1980년대 내내 북한 주민들에게 자기 체제의 우월성만 되풀이해서 선전하다가 경제적으로나 외교적으로 거의 무방비 상태에서 1990년을 전후한 사회주의 진영의 붕괴라는 세계사적 대전환기를 맞게 되었다.

수령-후계자 공동통치 시대의 개막

북한 지도부는 1980년 10월에 조선노동당 제6차 대회를 개최했다. 김정일이 그동안 대외적으로 베일에 감춰졌던 자신의 모습을 공개한 것이 바로 이때였다. 제5차 대회가 있은 지 10년 만에 열린 이 대회에서, 김정일은 정치국 위원으로 선임되는 동시에 김일성 등 다른 5명과 함께 정치국 상무위원으로 뽑혔다. 그와 함께 비서국 비서와 군사위원회 군사위원으로도 선출되었다. 조선노동당 총비서인 수령 김일성을 제외하고는 유일하게 정치국, 비서국, 군사위원회라는 당내 3대 권력기구에 모두 선출된 것이다. 당시 김정일의 당 중앙위원회 공식 서열은 김일성, 김일, 오진우에 이은 4위였지만, 실질적으로는 그가 2인자임이 확실했다.

당 대회에서 채택한 조선노동당대회 결정서는 1970년대에 당 사업의 획기적 전환이 일어났으며, 그 주된 성과는 "혁명 위업을 대를 이어 끝까지 완성하며 우리 당을 영원히 주체의 혁명적 당으로 강화 발전시킬 수 있는 조직 사상적 기초가 다져진 것"이라고 스스로 평가했다. 이런 평가는 김정일이 지도한 3대혁명소조운동을 통한 전 사회적 세대교체 작업과 김정일의 후계 체제 확립이 어느 정도 결실을 거두었다는 판단에 기초한 것이었다. 이런 평가에 기초하여 결정서는 "혁명의 세대가 바뀌는 현실은 혁명전통을 계승 발전시킬 데 대한 문제를 더욱 절실히 요구하고 있다"면서 '주체의 혁명의 대를 잇는 과업'을 제기했다. 즉 당이 앞으로 전 사회적 세대교체와 김정일 후계 체제의 공고화 작업을 중요한 과제로 계속 추진할 것임을 공식화한 것이다.

실제로 제6차 당 대회를 통해 김정일 후계 체제를 본격적으로 옹위해나가기 위해 지도부 내에 새로운 인물이 대거 등용되었다. 새로 선출된 당 지도부의 면면을 보면, 정치국의 경우 지난 제5차 대회에서 정위원의 90%가 항일무장투쟁 관련 혁명 1세대였지만 6차 대회에서는 그 비율이 50%대로 낮아졌다. 김정일이 실질적으로 지도하는 비서국의 경우 제5차 대회에서는 10명 중 7명이 항일무장투쟁 관련자였지만 6차 대회에서는 총비서 김일성만이 혁명 1세대에 속했다. 그동안 추진된 세대교체 작업이 6차 당 대회의 지도부 개편으로 가시화된 것이다. 이런 당 지도부의 대폭적인 변화 속에서 새롭게 지도부에 진입한 이들은 항일혁명 2세대와 특정 분야에 전문적인 지식을 가진 실무형 지도자들이었다.

그런데 김정일 후계 체제의 공식화와 함께 진행된 북한 지도부의 대대적인 세대교체는 이제 김일성이 국방·외교 등 일부 분야를 제외한 대부분의 국정을 김정일에게 넘겨준다는 것을 시사했다. 북한사회에서 수령 김일성과 후계자 김정일의 공동통치 시대가 개막된 것이다.

한편 공식적으로 북한 경제를 총지휘하게 된 김정일은 제2차 7개년 계획의 추진이 부진을 면치 못하자 1982년 7월 이를 만회하기 위해 공개적으로 '1980년대 속도창조운동'을 발기했다. 이 운동은 "사회주의 건설의 모든 분야에서 끊임없는 혁명적 대고조를 일으켜 제2차 7개년 계획을 수행하고 1980년대 사회주의 건설의 10대 전망 목표를 성과적으로 달성"하자는 구호를 내세우며 전개되었다. 속도창조운동은 평양의 주체사상탑과 개선문, 김일성경기장, 인민대학습당, 창광거리와 문수거리 등을 건설하는 과정에서 얻은 건설 속도를 모든 부문에 확대시켜 생산과 건설에서

80년대 속도창조운동

제2차 7개년 계획의 추진이 부진을 면치 못하자, 이를 만회하기 위해 김정일은 '1980년대 속도창조운동'을 발기했다. "사회주의 건설의 모든 분야에서 끊임없는 혁명적 대고조를 일으켜" 생산과 건설에 일대 약진을 가져오자는 취지였다.

일대 약진을 가져오자는 취지에서 시작되었으며, 1982년 7월 김책제철소의 노동자궐기대회를 계기로 전국에 확산되었다.

6차 당 대회 이후 북한 최고지도부의 통치 형태에도 일정한 변화가 일어났다. 김일성 현지 지도의 빈도수가 눈에 띄게 줄고, 대신 김정일의 현장에 대한 실무 지도와 시찰이 늘어나기 시작했다. 초기에 김정일의 실무 지도나 시찰은 주로 문화·보건·체육 등에 치중되었고 김일성의 현지 지도와 시찰을 수행하는 보좌적인 성격이 강했지만, 1983년부터는 경제·군사 부문 등으로 공개 활동의 폭이 넓어지고 그 성격도 '보좌'에서 독자적인 '지도'의 측면이 더 강화되었다. 이런 현상은 김일성이 권력 승계 작업의 일환으로 경제·사회 등 실무 분야에서 자신의 현지 지도의 역할을 김정일에게 넘기기 시작했음을 보여주는 것이었다.

한편 제6차 당 대회에서 김정일이 후계자로서 대내외에 공식화된 뒤, 북한사회에서는 그에 대한 공개적인 개인숭배 캠페인이 대대적으로 전개되었다. 1981년부터 북한의 선전 매체들은 그동안 김정일을 호칭했던 '영광스러운 당 중앙' 대신 '친애하는 지도자'로 부르기 시작했다. 1982년부터는 그를 찬양하는 전기들이 출판되었으며 그의 성장 과정과 관련이 있는 지역들이 혁명사적지로 조성되기 시작했다. 특히 김정일의 공개적인 현지 지도와 시찰이 사회 전 분야로 확산되자, 북한 선전 매체들의 그에 대한 개인숭배 캠페인도 가속화되었다. 북한의 선전 매체들은 경제 분야의 저발전 현상에도 불구하고 김정일의 '탁월한' 지도능력을 선전하기 위해 그가 지도한 경제 분야는 항상 목표를 초과달성한 것으로 발표했다. 신문들은 공식석상에 나온 지도자들의 이름을 나열할 때 그의 이름을 다른 지도자들과 구별하기 위해 중간활자로 쓰기 시작했으며, 1987년부터는 그의 저작들이 출판되어 대중 학습용으로 사용되었다.

김정일 개인숭배 캠페인은 두 가지 형태로 전개되었다. 먼저, 1980년대 초반부터 북한 지도부는 김정일이 대중 속에서 이룬 업적이 미미하여 인민적 정통성이 부족한 점을 고려해 그의 '생래적 정통성'을 강조하기 시작했다. '항일유격대 대장 김일성'과 '유격대 전사 김정숙'을 부모로 둔 이른바 '혁명적 가문'과 그가 지녔다는 '비범한 천재성'이 부각되었다. 김정일의 생래적 정통성을 강조하는 움직임은 1980년대 중반을 넘어서면서 항일의 역사와 백두산의 이미지를 겹친 위에 김정일 출생과 관련된 예언설적 믿음을 확산시키는 방향으로 나아갔다. 김정일 카리스마 구축의 제2단계라고 할 수 있는 이 시기부터, 북한 지도부는 김일성의 항일유격대가 소련으로 이동하는 바람에 소련-만주 국경지방에서 태어난 그의 출생지를 백두산 산록의 밀영으로 조작했다. 이른바 '백두산 밀영 탄생'이 공식화되면서 1987년부터 '구호나무 학습'이라는 새로운 캠페인이 대대적으로 전개되었다. 북한 선전 매체들에 따르면, 항일유격대원들이 김정일의 출생을 축하하며 그가 미래에 민족의 지도자가 될 것을 예언하는 글귀를 새긴 구호나무가 뒤늦게 북한 곳곳에서 발견되었다는 것이다. 이 구호나무 문헌의 학습 목표는, 북한 주민들이 가장 존경하는 항일 선열들이 이미 김정일이 미래 우리 민족의 지도자가 되리라고 예언했다는 담화를 북한 주민들에게 주입하는 것이었다. 그러나 항일유격대원들이 조선 해방을 열망하고 투쟁의지를 다잡기 위해 쓴 구호나무가 있었던 것은 사실이지만, 당시 김정일의 탄생을 알리는 구호나무는 없었다.

그러나 생래적 정통성을 강조하는 것만으로 '수령'이 될 수는 없었다. 1980년대 중반을 지나면서 북한 지도부는 한 가지 개인숭배 캠페인을 추가했다. 김정일이 북한 정치에 개입하기 시작한 1960년대 후반 이후 그가 쌓아왔다는 '업적'들을 내세우며 인민적 정통성의 확보를 시도한 것이다. 그러나 이 시도들이 성공적으로 추진되기는 어려웠다. 불운한 일이지만, 각론에서 김정일의 업적으로 뒤덮여 있다고 선전되었던 이 시기야말로 총론적으로 보면 북한사회가 저발전과 침체로 나아간 시기였기 때문이다.

6차 당 대회 이후 김정일은 당을 중심으로 활동하던 1970년대와는 달리 국가기관에 대해서도 직접적인 지도력을 행사하면서 최고인민회의에 공식 진출했다. 그는 1982년 최고인민회의 7기 대의원 선거 때는 황해북도 송림에서, 1986년 8기 선거 때는 함경남도 함흥시 용성에서, 1990년 9기 선거 때는 함경북도 무산에서 주민들의 대대적인 후보 추대행사를 거쳐 대의원에 선출되었다. 그러나 국가기관에 대한 지도력을 점점 키워나가면서도, 김정일은 1980년대 내내 최고인민회의 대의원을 제외하고는 국가기관에서 어떤 직책도 맡지 않았다. 그가 국가기관의 지도적 자리에 오른 것은 1990년대에 들어 김일성의 노령화로 인해 권력 승계가 현실적인 과제로 떠오르면서부터였다. 그는 1990년 5월에 개최된 최고인민회의 제9기 1차 회의에서 확대 개편된 국방위원회의 제1부위원장에 선출되었다. 그리고 1991년 12월 당 중앙위원회 제6기 19차 전원회의에서는 1950년 7월 이래 김일성이 맡고 있던 조선인민군 최고사령관 직에 추대되었으며, 이듬해 4월 20일에는 원수 칭호를 받았다. 이어서 1993년 4월에는

"군사 주권의 최고지도기관"으로 격상된 국방위원회 위원장으로 취임했다.

김정일은 1994년 7월 김일성이 사망한 뒤 3년 동안 김일성이 생전에 맡았던 자리에 취임하지 않고 그의 유훈을 빌어 북한사회를 통치하다가 1997년 10월에 조선노동당 총비서 자리에 올랐다. 그리고 1998년 9월 5일에는 헌법 개정을 통해 헌법 내용에는 명시되어 있지 않지만 사실상 '국가수반'으로 규정된 국방위원장에 다시 취임했다.

계속되는 경제 계획의 미달성과 대안 모색의 실패

북한 지도부는 1977년 12월 "인민경제의 주체화, 현대화, 과학화를 다그쳐 사회주의의 경제 토대를 너욱 강화하여 한 단계 더 높이는 것"을 기본 과업으로 설정한 제2차 7개년 계획(1978~1984)을 발표했다. 그들은 계획 기간 중 2.2배의 공업총생산액 증가와 연간 560~600억kw/h의 전력생산, 석탄 7~8천만 톤 생산 등을 목표로 잡았다. 농업에서는 식량 중 알곡 1,000만 톤을 생산하겠다고 발표했다. 그리고 3년 뒤 6차 당 대회에서 1980년대 북한사회가 도달해야 할 '사회주의 경제 건설의 10대 전망 목표'를 제시했다. 여기서 다시 전력생산 1,000억kw/h, 석탄생산 1억 2천만 톤, 강철생산 1,500만 톤, 알곡생산 1,500만 톤 등이 각 분야에서 달성해야 할 연간생산량으로 제시되었다.

그러나 1980년대 들어 북한 경제는 이전보다 더 심한 저발전에 시달렸다. 북한 지도부는 1984년에 구체적인 실적을 제시하지 않은 채 2차 7개년 계획이 완수되었다고 발표했지만, 다음 계획의 준비를 위해 2년간의 조정 기간을 둠으로써 사실상 실패를 자인했다. 그들은 1987년 4월에 3차 7개년 계획을 발표하면서 2차 7개년 계획 기간 동안 목표대로 공업총생산액이 2.2배 증가했고 총발전능력이 2배로 증가했으며 석탄과 알곡을 각각 연간 7,000만 톤, 1,000만 톤 생산하기에 이르렀다고 발표했다. 그러나 미국 정보기관은 1984년 북한의 알곡생산량을 660만 톤으로 추정했으며, 한국의 정보기관은 북한이 1983년을 기준으로 전력 270억kw/h, 석탄 3,400만 톤, 알곡 500만 톤을 생산한 것으로 추정했다. 서방 정보기관들의 북한 정보 수집능력의 한계를 감안하더라도, 이런 사실은 2차 7개년 계획이 부진을 면치 못했음을 말해준다.

대외 무역의 부진도 북한 경제의 저발전에 한몫을 했다. 예컨대 1980~1983년 사이에 전체 무역의 25~30%를 차지하는 소련과의 무역은 연간 2.6% 증가하는 데 그쳤으며, 1980~1982년에는 전체 무역의 30%를 넘었던 서방 선진국들과의 교역이 오히려 33.6%나 감소했다.

경제 상황이 호전은커녕 더 나빠지자, 북한 당국은 1983년부터 그동안 몇 번의 예외적인 경우를 빼고는 매년 발표해오던 공업성장률도 발표하지 않았다. 당시 국가부주석 임춘추가 북한을 방문한 연변 학자들을 만나 "지금 인민이 굶고 있다"고 걱정을 토로할 만큼, 1980년대의 북한 경제는 침체의 길을 걸었다.

북한 지도부는 부진을 면치 못한 2차 7개년 계획의 우울한 경험을 뒤로 하고 1987년부터 3차 7개년 계획(1987~1993)에 도전했다. 그들은 이 계획

기간 동안의 기본 과업으로 "인민경제의 주체화, 현대화, 과학화를 계속 힘 있게 다그쳐 사회주의의 완전 승리를 위한 물질 기술적 토대를 튼튼히 마련하는 것"을 제시했다. 이때 북한이 제시한 분야별 생산 목표는 공업총 생산 1.9배, 국민총생산액 1.7배 증가 등이었는데, 이는 1980년에 제시한 '사회주의 경제 건설의 10대 전망 목표'와 기본적으로 일치했다. 북한 지도부도 3차 7개년 계획이 6차 당 대회에서 제시한 이 '10대 전망 목표' 를 실현하기 위한 계획이라는 점을 분명히 했다. 북한 지도부가 원래 1990 년까지 달성하기로 한 '10대 전망 목표'의 실현 기간을 현실을 고려하여 3년 연장한 셈이다.

3차 7개년 계획에서는 주민들의 의식주 해결과 과학기술의 발전, 그리 고 대외 경제 사업의 확대가 강조되었다. 이는 1980년대의 북한 경제가 직면한 난관이 주로 식량 및 소비재 생산의 부족과 과학기술 발전의 지체, 대외 무역 부진에 있다는 북한 지도부의 자가진단에 따른 것이었다. 그러 나 3차 7개년 계획도 실행 초기부터 휘청거리기 시작했다. 1980년대 말에 불어닥친 사회주의 진영의 몰락이라는 대변화에 직면해서 이 계획의 중요 한 전략 분야였던 대외 경제는 오히려 급격한 쇠퇴의 길로 접어들었다. 북한 지도부는 세기적인 대전환의 격랑 속에서 체제를 보전하는 데 전력 을 기울였으며, 그로 인해 경제 발전에 대한 그들의 관심과 집중력은 상대 적으로 약화되었다. 그 결과 북한 경제는 이전 시대의 저발전보다 훨씬 악화된 마이너스 성장 시대로 진입했다. 통일부와 한국은행 등에 따르면, 1990~2003년 사이에 북한 경제는 연평균 -5.2% 성장했으며 3차 7개년 계획 전체 기간의 성장률은 -2.9%였다.

북한도 3차 7개년 계획의 실패를 인정했다. 1993년 12월 강성산 정무원 총리는 조선노동당 중앙위원회에 3차 7개년 계획의 실천 결과를 보고하면서, 목표인 1.9배 성장에 못 미치는 1.5배 성장에 그쳤음을 밝혔다. 당면한 최대 문제인 식량 문제와 직결된 알곡생산량이나 국민소득의 증가 여부는 아예 언급도 하지 않았다. 사실 북한 지도부가 공업생산이 1.5배 증가했다고 보고한 것도 3차 7개년 계획의 실제 결과가 북한 주민과 국제사회에 미칠 영향을 고려하여 마이너스 성장을 플러스 성장으로 왜곡하여 과장한 것으로 볼 수 있다. 결국 북한 지도부는 실패한 3차 7개년 계획을 보완하기 위해 1996년까지 3년간을 경제 발전의 완충기로 설정했다.

한편 북한 지도부는 1980년대 들어서 경제적 난관을 헤쳐나가기 위한 대안으로 대외 경제 분야의 확장을 추구했다. 2장에서 설명했듯이, 북한은 1971년부터 시작된 6개년 계획 당시 해외 자본과 기술을 도입해 과다한 군비 지출과 자립적 민족경제 노선이 빚은 저발전의 한계를 극복하려고 했던 적이 있었다. 그러나 1974년부터 외화 부족으로 인한 채무가 누적되기 시작하면서 서방 공업국과의 무역이 급격히 감소했고, 자본 도입도 불가능해졌다. 김일성은 1979년 신년사를 통해 대외 무역을 발전시키기 위하여 신용제일주의 원칙을 지켜야 하며, 수출품의 질을 높이고 납기일을 지켜야 한다고 강조했는데, 이는 당시 대외 경제 분야에서 북한이 안고 있던 문제점을 역설적으로 잘 보여주는 말이다.

이런 상황에서 북한은 대외 경제 분야에서 기존의 무역 중심 체제를 넘어 외국과의 경제 합작과 기술 협력을 추구하는 방향으로 정책을 전환했다. 이를 위해 1984년 9월에 개혁개방 초기의 중국이 채택했던 '중화인민공화국 중외합작기업법'(1979년 7월 발표)을 모델로 한 '조선민주주의인민공화국 합영법'을 만들었다. 이어서 1985년에는 '합작회사 운영법 시행세칙'과 '외국인소득세법'을 제정했으며, 1986년에는 '외자기업법'을 채택했다. 1988년에는 정무원 안에 합영공업부를 신설하고, 1989년에는 조선합영은행을 설립했다. 또한 1991년 12월에는 함경북도의 항만도시인 나진-선봉 일대를 자유경제무역지대로 설정하여 외자 유치와 기술 도입을 시도했고 1994년 1월에는 합영법을 현실의 변화에 맞춰 개정했다.

그러나 북한 경제 발전의 새로운 촉매 역할을 할 것으로 기대했던 합영 사업은 소기의 성과를 거두지 못했다. 본래 합영의 목적은 일본 등 선진 자본주의 국가의 앞선 기술을 받아들이고 그 자본을 이용하는 데 있었지만, 실제 합영 기업은 조총련 계열 기업 중심이었으며 그 수도 수십 개에 불과했다. 뿐만 아니라 본래 북한이 합영을 희망했던 분야는 공업, 과학기술, 관광 등이었지만 실제 합영은 소규모 경공업과 서비스업 등에 한정되었다. 실패의 근본 원인은 합영에 대한 북한 당국의 이해 부족과 일방주의적인 태도였다. 북한 당국은 외국 기업과의 합영 사업을 시장경제 원리에 입각해 추진하지 않고, 당의 통제 아래 둔다는 정치적 관성을 가지고 추진했다. 그러다 보니 외국 투자가들에게 투자유인을 제공하지 못한 것이다. 나진-선봉 자유경제무역지대 역시 북한의 준비 부족과 경제특구 운영에 대한 이해 부족으로 활성화되지 못했다.

포기하지 않은 주관주의 노선
─ 사회주의 완전승리 테제와 중국 노선의 비교

북한은 1980년대에 들어서 스스로의 발전 단계를 '사회주의의 완전한 승리를 향한 단계'로 설정하고 전체 사회의 발전을 도모했다. 북한 이론가들은 '사회주의의 완전한 승리 단계'란 노동 계급과 농민 계급의 계급적 차이를 해소하여 무계급사회를 실현하고 농민의 노동 계급화가 이루어지는 사회로서, 이 단계에 오면 사회주의라는 과도기가 종료되고 일국 수준에서 공산주의가 실현된다고 보았다. 북한 지도부는 바로 이 사회주의 완전 승리 테제를 북한사회의 당면 과제로 내놓았으며, 1987년부터 시작된 제3차 7개년 계획이 사회주의 완전 승리 실현의 중요한 전기가 될 것이라고 주장했다. 실제로 그들은 이 당면 과제의 실현을 목표로 북한 사회주의 건설의 총노선으로 규정된 사상·기술·문화의 3대혁명 완수를 서둘렀고, '1980년대 속도창조운동'을 비롯한 각종 캠페인을 벌이며 생산력 증대에 박차를 가했다.

그런데 사회주의 완전 승리 테제에 기초한 북한의 사회 발전 구상은 사회주의 초급 단계론을 내세우며 경제 발전을 위해 개혁개방을 추진한 중국의 태도와는 대조적인 것이었다. 문화대혁명 이후 집권한 덩샤오핑을 중심으로 하는 중국 지도부는 (反)식민지 (反)봉건사회에서 사회주의 혁명을 통해 사회주의로 이행하면서 드러난 생산력의 저발전 상황을 극복하기 위해 과감하게 자기 사회의 발전 단계를 사회주의 초급 단계로 규정하고, 그 극복을 위하여 서방의 선진 자본과 기술을 도입하는 등 적극적인 개혁

개방 정책을 구사했다. 그들은 사회 성격 차원에서는 사회주의 제도가 확립되었으나 경제(즉, 생산력)의 저발달로 인해 인민이 사회주의 제도에 걸맞는 경제생활을 누리지 못하고 오히려 기아에 허덕이는 현실의 모순을 해결하기 위해, 생산력 발전을 사회주의 건설의 표준으로 내세운 사회주의 초급 단계론을 표방했다. 반면 북한 지도부는 낮은 생산력 수준에도 불구하고 무계급사회의 실현을 향해 나아가자고 주장했다. 중국 지도부가 볼 때, 북한의 사회주의 완전 승리 테제는 비현실적인 구호였다.

중국의 지도자 덩샤오핑은 1987년 11월 자신을 예방한 이근모 북한 정무원 총리에게 중국공산당 13차 대회에 대해 보고하면서 건국 100년까지의 경제 발전 전략이 아주 중요하다고 강조했다. 21세기 중반 중국은 중등 발달 국가의 수준에 달할 것이며, 이때까지는 아직 62년이 남았다고 설명했다. 이는 사회주의 완전 승리 테제를 주장하며 조급한 성과를 추구하는 북한에게, 그들보다 경제 발전이 앞선 중국조치 사회주의 초급 단계 기간으로 백 년을 상정했음을 강조함으로써 올바른 현실 인식이 필요하다는 점을 말한 것으로 해석된다.

북한과 중국의 사회 발전 단계에 대한 현실 인식 차이는 사회주의 붕괴의 원인에 대한 진단의 차이로 연결되었다. 중국 이론가들은 동구 사회주의 몰락의 원인을 분석하면서 이론적으로 중공업 우선의 경제 발전 전략에 문제가 있었다고 보았다. 그들은 마르크스·엥겔스의 유물론에 근거하여 사람들에게 의식주 문제가 가장 중요하므로 농업-경공업-중공업 순서의 경로나 경공업에서 출발하는 경제 발전 경로가 보편 원리라고 주장했다. 반면 중공업-경공업-농업 순서의 경로나 중공업에서 출발하는 공업화는 전쟁 상황이나 전쟁을 준비하는 조건에서만 취할 수 있는 경로라고 보았다. 특히 그들은 동유럽 국가들처럼 국가 규모가 작고 경제 발전 수준이 대체로 낙후하며 자원이 빈곤한 나라들에서 진행된 중공업 중심의 공업화는 농업과 경공업을 더욱 낙후시킬 수밖에 없다고 보았다. 동구 국가들이 오랫동안 중공업 우선 정책을 변경하지 않고 추진했기 때문에 국민경제의 기형적 발전과 생산력의 위축, 그리고 인민생활의 쇠락을 가져왔다는 것이다. 그런데 중국 이론가들의 이런 지적은 북한에도 마찬가지로 적용될 수 있는 것이었다.

중국 이론가들은 동구 실정에 부합하지 않는 너무 빠른 사회주의 개조가 경제 발전에 심각한 문제를 초래했다고 보았다. 동구 국가들은 스탈린의 영향 아래서 1940년대 말 인민민주주의 혁명을 끝내고 사회주의 혁명 단계로 진입했으며, 1960년을 전후해서 이미 사회주의 기초를 건립했다고 선포했다. 그리고 사유제를 소멸시키고 단일한 사회주의 공유제를 구축했다. 중국 이론가들은 이런 정책 방향은 생산력 발전 수준을 초월했을 뿐만 아니라 노동자 대중의 의식 수준도 뛰어넘은 좌경 교조주의적 행동으로서 생산자들의 적극성에 심각한 타격을 주었다고 평가했다. 또한 그들은 동구 국가들이 개혁의 목표를 사회주의 시장경제를 건립하는 데 두지 않고 스탈린의 행정명령식 계획경제를 벗어나지 못한 데서도 그 원인을 찾았다.

반면 북한 지도부는 사회주의 좌절의 근본 원인을 중국과 전혀 다르게 파악했다. 그들은 동유럽 사회주의가 붕괴한 것은 사회주의의 본질을 역사의 주체인 인민대중 중심으로 이해하지 못함으로써 사회주의 건설에서

3대혁명 붉은기 쟁취운동 선전 포스터

3대혁명 붉은기 쟁취운동은 사상혁명, 기술혁명, 문화혁명을 전개하여 사회주의 건설을 다그치기 위한 운동으로 천리마 작업반운동과 함께 공산주의적 대중운동의 상징이었다.

주체를 강화하고 주체의 역할을 높이는 문제를 기본으로 틀어쥐고 나아가지 못했기 때문이라고 주장했다. 뿐만 아니라 동구 지도부가 "인민대중의 자주적 요구와 이익을 철저히 옹호하고 구현해나간다"는 사회주의의 '근본 원칙'을 견지하지 못했으며, 당의 영도적 역할과 사회주의 국가의 통일적 지도 기능을 약화시켰다고 보았다. 동유럽 국가들이 자주성을 지키지 못한 것도 몰락의 원인으로 꼽았다. 이렇듯 북한 지도부는 사회주의 몰락의 원인을 '사람'이라는 주관적 요소에서 찾았으므로, 그 결과 처방은 '사상혁명'을 잘해나가는 것으로 제시되었다.

현실에 대한 인식이 다르니 처방도 달랐다. 북한은 중국의 시각과는 반대로 여전히 자립적 민족경제의 필요성을 주장하고 그 토대로서 중공업 우선 정책을 강조했다. 북한의 이런 입장은 자신들이 처한 경제 난관의 원인이 바로 체제 내부에 있다는 사실을 인정하지 않으려 하면서 나타난 것으로 볼 수 있다.

북한 지도부의 혁명관은 그들의 '혁명적 열정'과는 반대로 현실과 동떨어진 주관주의적이며 비현실적인 것이었다. 이는 이론적 차원에서도 쉽게 드러나지만, 1980년대 북한 경제가 극심한 저발전에 빠졌으며, 사회주의 진영 붕괴 이후 북한 체제가 총체적 위기에 빠졌다는 데서도 잘 나타난다.

사회주의 진영의 붕괴와 북한의 대응

1990년대에 들어 북한은 사회주의 진영의 몰락과 뒤따른 탈냉전의 도래로 인해 심각한 위기에 빠졌다. 사회주의 진영의 몰락이 북한에 미친 영향은 기존 우방과 동맹국의 상실로 그치지 않았다. 그것은 북한이 경제적으로 의존해왔던 사회주의 국제시장을 소멸시켜 취약한 북한 경제를 치명적인 상황으로 몰아갔다. 뿐만 아니라 소련 및 중국이 남한과 수교를 맺은 사건은 북한 외교를 고립무원의 상태로 몰아넣었다. 특히 1990년 9월에 이루어진 한소수교는 북한 외교 노선의 근본적인 수정을 강요한 결정적인 분기점이 되었다.

사회주의권의 붕괴가 가속화되는 가운데 이루어진 한소수교는 북한 외교의 중심축이 붕괴했음을 의미했으며, 나아가 북한 외교를 고립의 길로 내몰았다. 북한은 여전히 미국·일본과 미수교 상태였다. 그동안 북한은 남한이 제안한 유엔 동시 가입안에 대해 '두 개의 조선'을 영구화하는 처사라며 유엔에서 강력한 반대 입장을 관철시켜왔지만 이제는 그것도 불가능해졌다.

이렇듯 상황이 급변하자 북한도 기존의 대남 정책을 수정하고 공산권 일변도의 외교 정책에 수정을 가했다. 먼저 대남 전략에서 20년간 고수해온 유엔 동시 가입 반대 의지를 꺾고 1991년 남한과 함께 유엔에 가입했다. 뿐만 아니라 1989년부터 총리급 남북대화를 개시하여 1991년 12월 남한 정부와 「남북 사이의 화해와 불가침 및 교류 협력에 관한 합의서」를 채택했다. 7·4 남북공동성명 이상의 중대한 의미를 지닌 이 합의서의 채택을 통해, 북한은 일시적으로 동구 사회주의권 몰락 이후 북한 붕괴를 대망하며 북한에 쏠렸던 서방의 관심에서 벗어날 수 있었으며, 남한 정부의 실체를 공식적으로 인정하는 대신 체제 위기를 돌파할 수 있는 대외적

「남북 사이의 화해와 불가침 및 교류 협력에 관한 합의서」 서명

북한은 남한과 유엔에 동시 가입한 데 이어, 1991년 12월에는 남한 정부와 「남북 사이의 화해와 불가침 및 교류 협력에 관한 합의서」를 채택했다. 7·4남북공동성명 이상의 중대한 의미를 지닌 이 합의서 채택을 통해, 북한은 일시적으로 동구 사회주의권 몰락 이후 북한 붕괴를 대망하며 북한에 쏠렸던 서방의 관심에서 벗어날 수 있었으며, 남한 정부의 실체를 공식적으로 인정하는 대신 체제 위기를 돌파할 수 있는 대외적 환경 개선 효과를 볼 수 있었다.

환경 개선 효과를 볼 수 있었다.

그러나 남북관계 개선 움직임은 북핵 문제가 불거지면서 좌초되었다. 북한은 자신의 핵개발 의혹을 둘러싸고 미국과 갈등하다 1993년 2월 국제원자력기구(IAEA)가 특별사찰 촉구결의안을 채택하자 그해 3월에 핵확산금지조약(NPT)을 탈퇴했다. 남북관계는 북핵 문제와 연계되면서 다시 냉전적 갈등관계로 돌아서게 되었다.

다행히 북미 간에 북핵 문제 해결을 위한 대화 국면이 조성되면서 카터 전 미국 대통령의 중재로 한반도에서 고조되던 위기가 완화되고, 1994년 7월에는 남북이 정상회담을 개최하기로 합의까지 했다. 그러나 남북정상회담은 김일성 사망으로 무산되었다. 김일성 사망을 계기로 남한에서 조문 파동이 발생하고 그것이 대대적인 반북 캠페인으로 연결되면서, 남북관계는 냉전적 대결관계라는 원점으로 회귀했다. 결과적으로, 사회주의 진영의 몰락이 초래한 위기 극복의 한 방책으로 북한이 추구했던 남북관계 개선 전략은 단기적으로 북한 체제가 위기를 넘기는 데는 도움을 주었지만, 보다 근본적으로 외교적 고립을 탈피할 수 있는 환경을 조성하지는 못했다.

한편 한소수교를 계기로 서방과의 관계 개선을 서두른 북한은 그 일환으로 아시아 외교의 강화라는 명분을 내세워 일본과 관계 정상화를 추진했다. 북한은 일본과의 관계 정상화를 통해 경제적 위기와 외교적 고립을 탈피하고자 했다. 특히 일본과 수교하게 되면 받게 될 수십억 달러의 대일 청구권 자금과 일본 자본의 북한 진출이 난관에 빠진 경제를 회생시키는 데 중대한 역할을 하리라고 기대되었다. 이런 배경에서 북한 지도부는

1990년 9월 일본 정당대표단을 평양으로 초청했다. 일본 측은 정계 실력자였던 가네마루 신 전 부수상을 단장으로 하는 집권 자민당 대표단과 제1야당인 사회당 대표단이 공동대표단을 구성했다. 두 대표단은 북한을 방문해 김일성과 회담한 뒤 한소수교가 체결되기 이틀 전인 9월 28일 북·일 수교와 대일청구권 지불 등에 합의하는 조선노동당과 일본 자민당, 사회당 간 3당 공동선언을 채택했다.

북한과 일본 양국은 이 공동성명을 시작으로 1991년 1월 평양에서 1차 회담을 갖고 장소를 도쿄와 베이징 등으로 옮기면서 수차례 관계 정상화를 위한 회담을 가졌지만 합의점에 도달하지 못했다. 결국 1992년 11월 8차 회담을 끝으로 협상도 중단되었다. 이 회담은 주로 의제 외의 변수들이 돌출되면서 결렬되었다. 대한항공(KAL) 여객기 폭파사건과 관련하여 김현희의 일본어 교사였던 '이은혜'라는 일본 여인의 신원 확인 문제가 대두되었고, 1992년부터 불거진 북한 핵 문제도 있었다. 두 사건이 모두 외형상 회담의 진전을 가로막는 걸림돌이었지만, 보다 핵심적인 걸림돌은 핵 문제였다. 북·일 수교에 불안을 느낀 미국 정부는 북일회담이 시작되기 전 교섭 과정에서 북한이 핵사찰을 받아들이게 하고 남북대화가 후퇴하지 않도록 배려해달라는 등의 요구사항을 일본 정부에 전달했으며, 일본은 그 요구를 북일회담에 충실히 반영시켰다. 따라서 핵사찰 문제의 해결 없는 회담 진전은 불가능하게 되었으며, 실제로 1992년의 6~8차 회담은 모두 핵 문제와 연계되면서 공전했다.

결국 북한 지도부는 남북관계와 북일관계 모두가 미국이 주도하는 북핵 문제에 걸려 좌초되는 것을 경험해야 했다. 그들은 이를 통해 워싱턴을 경유하지 않고는 주요 서방 국가와 어떤 대외관계 개선도 불가능하다는 교훈을 얻었다. 그 뒤 북한은 그동안 그들이 '주적'으로 간주해오던 미국에 대한 외교 정책을 대외 생존 전략의 주축으로 삼게 되었다.

깨닫는 현실, 변화하는 통일 방안

북한의 대남 전략은 1980년대 이후 크게 변화했다. 이전까지 북한 통일론의 기본을 이루어왔던 '남조선혁명론'이 사실상 폐기되었고, 구체적인 통일 방안도 달라졌다. "남북합작은 남조선 경제 복구의 담보." 이 말은 1960년대에 북한이 자신 있게 남한에 제시했던 제안 중 하나였다. 당시 북한 지도부는 자기 체제에 대한 우월감이 컸고, 남한 경제가 파탄이 났다는 인식을 가지고 있었다. 그래서 이런 제안을 할 수 있었던 것이다. 그러나 1992년 7월 북한 정무원 부총리 김달현은 남한을 방문하여 남한 기업인들에게 "다른 나라에 투자하기에 앞서 북한에 먼저 투자해야 할 것이다"라고 말했다. 이 말은 30년 사이에 발생한 남북한 상황의 역전을 상징적으로 보여주었다. 바로 이런 상황의 역전과 그에 대한 북한 지도부의 현실 인식이 그들로 하여금 대남 전략의 궤도를 수정하게 만들었다.

북한의 대남 전략에서 1970년대가 남한혁명을 추구하던 기존의 '남조선혁명론'으로부터 남북한 당국자 대화로 중심이 옮겨지는 과도기였다면, 1980년대는 본격적으로 당국 간 합의를 추구하며 남북대화를 모색하는 시기였다. 이 대남 정책의 일대 전환은 김일성이 조선노동당 제6차 대회에서 '고려민주연방공화국 통일 방안'을 제시하면서 예고되었다.

북한이 연방제 통일 방안을 제시한 역사는 1960년으로 거슬러 올라간다. 북한은 1950년대부터 주한미군 철수를 전제로 '일체의 외국 간섭을 배제하고 민주주의적 기초 위에서 자유로운 남북 총선거를 실시할 것'을 주장하다가, 4월혁명이라는 남한의 정치 변동에 대응해서 1960년 8월에 처음으로 자신의 체제역량이 우월하다는 확신하에 연방제 통일 방안을 공식 제시했다. 김일성은 "남조선 당국이 남조선이 다 공산주의화될까 두려워서 자유로운 남북 총선거를 받아들일 수 없다고 하면 먼저 민족적으로 긴급하게 나서는 문제부터 해결하기 위한" 과도적인 대책으로 연방제를 실시하자고 제안한 것이었다. 이 제안은 주권과 제도의 양립을 인정한다는 점에서 국가연합에 가까웠다. 당시 김일성의 연설에 나타난 이 방안의 주요 내용을 옮기면 다음과 같다.

우리가 말하는 연방제는 당분간 남북조선의 현재 정치 제도를 그대로 두고 조선민주주의인민공화국 정부와 대한민국 정부의 독자적인 활동을 보장하면서 동시에 두 정부의 대표들로 구성되는 최고민족위원회를 조직하여 주로 남북조선의 경제 문화 발전을 통일적으로 조절하는 방법으로 실시하자는 것입니다. 이러한 연방제의 실시는 남북의 접촉과 협상을 보장함으로써 호상 이해와 협조를 가능하게 할 것이며 호상 간의 불신임도 없애게 될 것입니다. 그렇게 되었을 때 자유로운 남북 총선거를 실시한다면 조국의 완전한 평화적 통일을 실현할 수 있으리라고 우리는 인정합니다.

그러나 연합에 가까운 북한의 연방제 제안은 1970년대에 이르러 남북 주권이 통합되는 문자 그대로의 연방제로 바뀌었다. 북한은 1973년 6월 남한에 '고려연방공화국'이라는 단일국호를 사용하는 연방공화국을 창설하자고 제안했다. 그리고 모든 외국 군대의 철수를 전제로 '북과 남에 현존하는 두 제도를 당분간 그대로 두고 남북연방제를 실시'하자고 제안함으로써 '고려연방공화국'이 통일로 가는 과도적 체제임을 분명히 했다. 북한은 이 방안이야말로 "통일을 실현하기 위한 가장 합리적인 방도"라고 주장했다. 그러나 남한은 북한의 고려연방제 주장을 공산화 전략의 일환으로 보았기 때문에 즉각 거부했다.

1980년대 들어서면서 북한은 연방제 통일 방안을 과도기가 아닌 최종 통일 방안의 성격을 지닌 것으로 보다 정교하게 만들어서 다시 남한에 제의했다. 김일성은 조선노동당 제6차 대회에서 이 방안에 '고려민주연방공화국 통일 방안'이라는 이름을 붙여 다음과 같이 제안했다.

해방 후 오늘까지 북과 남에는 오랜 기간 서로 다른 제도가 존재하여왔으며 거기에서는 서로 다른 사상이 지배하여왔습니다. 이러한 조건에서 민족적 단합을 이룩하고 조국통일을 실현하려면 어느 한쪽의 사상과 제도를 절대화하지 말아야 합니다. 만일 북과 남이 제각기 자기의 사상과 제도를 절대화하거나 그것을 상대방에게 강요하려 한다면 불가피적으로 대결과 충돌을 가져오게 되며 그렇게 되면 도리어 분열을 심화시키는 결과를 낳게 될 것입니다.—한 나라에서 서로 다른 사상을 가진 사람들이 같이 살 수 있으며 하나의 통일국가 안에 서로 다른 사회 제도가 함께 존재할 수 있습니다.—우리 당은 북과

남이 서로 상대방에 존재하는 사상과 제도를 그대로 인정하고 용납하는
기초 우에서 북과 남이 동등하게 참가하는 민족 통일정부를 내오고 그
밑에서 북과 남이 같은 권한과 의무를 지니고 각각 지역자치제를 실시하는
연방공화국을 창립하여 조국을 통일할 것을 주장합니다.

북한은 이처럼 남과 북에 현존하는 서로 상이한 사상과 제도를 그대로
인정하고 남과 북이 연합하여 하나의 통일연방국가를 형성하자고 제안했
다. 그리고 이 방안은 통일로 가는 과도적 형태의 연방제(고려연방공화국)가
아니라 완성된 통일국가라고 주장했다. 즉 '하나의 민족, 하나의 국가,
두 개의 제도, 두 개의 정부' 구상을 제시한 것이다.

북한은 세계적으로 널리 알려진 이름을 살리고 '민주주의'를 지향하는
남과 북의 공통된 정치 이념을 반영한다는 의미에서 이 통일국가를 '고려
민주연방공화국'으로 호명하고 어떠한 정치적 동맹이나 블록에도 가입하
지 않는 중립국으로 만들자고 했다. 그러나 북한이 아무런 전제 조건 없이
이 방안을 제안한 것은 아니었다. 북한은 '조국의 자주적 평화통일' 실현
을 위한 전제 조건이라면서 '남한에서의 군사통치 청산과 사회의 민주화',
'미국과의 평화협정 체결과 미군 철수를 통한 긴장 상태의 완화와 전쟁
위험의 제거', '미국의 두 개의 한국 조작 책동 저지와 남조선 내정간섭
종식'이라는 3가지 사항을 내걸었다. 물론 이 전제 조건들은 남한이 받아
들일 수 없는 것이었다.

그중에서도 남북한 간에 가장 예민한 쟁점은 주한미군 철수 주장이었다.
이 문제와 관련하여 북한 지도부는 1980년대 후반에 이르러 단계적 철수

도 가능하다는 쪽으로 한 걸음 후퇴했다. 그러나 남한 당국은 고려민주연 방제도 고려연방제와 마찬가지로 외피만 조금 달라졌을 뿐 본질은 북한의 공산화 전략의 일환이라고 보았다. 따라서 이 방안을 둘러싼 남북의 협의 는 이루어지지 않았다.

1980년 당시 북한이 '고려민주연방공화국' 통일 방안을 제안한 배경은 무엇일까? 무엇보다도, 북한 지도부가 남북한 간에 심화되고 있는 사회 성격의 차이를 있는 그대로 인정하기 시작했다는 점을 들어야 할 것이다. 이 사회 성격의 차이는 북한 당국이 줄곧 주장해온 '사회주의 제도의 가일 층 발전(북한)과 식민지 반봉건적 상태(남한) 사이의 차이'가 아니라 명백히 사회주의와 자본주의 제도 사이의 차이였으며, 북한 지도부도 이를 인식 하고 있었다. 북한 지도부가 남북통일은 상이한 두 제도가 장기적으로 공존하는 형태가 될 수밖에 없다는 점을 인정한 것도 그 때문이었다고 볼 수 있다.

한편, 북한은 과도기로서의 연방제 논의가 지니고 있는 논리적 함정을 피하기 위해 '고려민주연방공화국'안을 제안한 측면도 있어 보인다. 연방 제가 과도적 형태로 제기될 때는 연방제 이후 통일국가의 형태와 성격이 논란이 될 수밖에 없다. 이 경우 필연적으로 연방제 이후 통일국가는 어떤 사상과 제도로 일원화되어야 하는지 질문이 제기될 것이고, 북한 입장에 서 그 답은 결국 주체사상과 사회주의 제도일 것이며, 남한은 그것을 공산 화 전략이라고 볼 것이다. 이는 결국 '통일하지 말자'는 것에 다름 아니다. 때문에 북한은 남북의 사상과 제도가 항구적으로 공존할 수 있다고 보는 통일국가 형태의 '고려민주연방공화국'안을 제시한 것으로 보인다. 다시

남북 연방제 통일 방안 제안

김일성은 8·15 해방 15주년 기념 연설에서 통일에 이르는 과도적 조치로 남북 연방제 통일 방안을 공식 제시
했다. 연방제 통일 방안은 4월혁명이라는 남한의 정치 변동에 대응해서 자신의 체제역량이 우월하다는 자신감
에서 나온 통일 방안이었다. 연합에 가까운 연방제 제안은 1970년대에 이르러 남북의 주권이 통합되는 분명한
연방제로 바뀌었고, 1980년대에 들어서는 연방제 통일 방안을 과도기가 아닌 최종 통일 방안의 성격을 지닌 것
으로 보다 정교화하여 다시 남한에 제의했다.

말해서 연방제가 과도적 형태로 상정될 때 필연적으로 제기될 통일의 최종 단계(1민족 1국가 1체제)에 대한 체제 선택의 문제를 피하면서 통일 문제에 접근하기 위해 '고려민주연방공화국'안을 제시했다는 것이다.

그런데 흥미로운 것은 '고려민주연방공화국' 통일 방안이 1980년대 말부터 불어닥친 사회주의 진영의 몰락 속에서, 대남 분야에서 위기에 처한 북한 체제를 지키는 이론적 방파제 역할을 했다는 사실이다. 1970년대의 고려연방제가 남북한의 빠른 통일과 그것을 위한 여러 조치들을 상정하고 있었다면, 고려민주연방제는 오히려 남북한이 실질적으로 분단된 두 개의 국가임을 인정하고 장기적으로 평화공존하자는 주장이었다. 따라서 이 방안은 남북이 서로 상대방의 제도를 실질적으로 인정한다는 것을 전제로 한다. 바로 이런 점 때문에, '고려민주연방공화국' 통일 방안은 애초에 공세적 차원에서 남한 당국에 제안된 것이었음에도, 동독 붕괴로 인해 한반도에서 남한 주도의 흡수통일론이 나돈 1990년대 이후의 위기 상황에서 결과적으로 북한 체제를 보호·유지하는 이론적 수비수 역할을 할 수 있었다.

한편 1980년대 말부터 불어닥친 사회주의 진영의 붕괴와 가중되는 북한 경제의 발전 지체는 북한의 기존 대남 전략을 상당 부분 무용지물로 만들면서 북한에게 변화를 강요했다. 그에 따라 북한은 1990년대에 접어들면서 고려민주연방제 방안을 수정하여 국가연합 방안에 조금 더 다가갔다. 고려민주연방제에 따르면 원래 경제 제도는 달라도 외교와 국방권은 연방국가가 가져야 한다고 되어 있었다. 그러나 북한 지도부는 1990년대 들어 현실 변화에 대응하면서 연방 초기에는 잠정적으로 외교·국방권도 각각의 지역정부가 보유할 수 있다고 하는 등, 기존 방안에 손질을 가하기 시작했다. 그리고 민족성원 간의 '정치적 결단'에 의한 통일을 강조하는 '고려민주연방공화국' 통일 방안이 결여하고 있던 남북 간의 장기적 교류와 평화공존에도 관심을 보였다. 1990년대 중반부터 북한 지도부는 비공식적으로 통일의 첫 단계는 "수십 년 동안이나 유지될 수 있는" 국가연합이되어야 함을 인정했다. 다시 말해서 고려민주연방제는 두 개의 주권국가로 분립되어 있는 남과 북의 실체를 서로 인정하고 그 바탕 위에서 화해협력과 평화 정착을 통해 단계적으로 통일국가를 이룩해가자는 남한의국가연합 방식의 남북연합제 방안에 근접하기 시작한 것이다.

헌법 개정과 김정일 시대를 위한 준비

1992년 4월 북한은 1972년에 제정한 헌법을 개정했다. 사회주의 진영의몰락 이후 급변하는 정세 속에서 이루어진 이 개정은, 주로 북한사회에대한 자체 인식의 조정과 북한사회 발전 단계에 대한 재인식, 위기에 대응하기 위한 국가기관 체계의 재편 등의 특징을 보였다. 북한의 신헌법은제정이 아닌 일부 조항의 개정이었지만, 개정의 폭은 매우 컸다. 구헌법이11장 149조로 구성되었던 데 비해, 신헌법은 7장 171조로 대폭 바뀌었다.구헌법에서 6개의 독립된 장으로 구성되었던 국가기구가 8개의 절로 이루어진 하나의 장이 되었으며, 대신 기본 원칙이라 할 수 있는 정치·경제·문화 다음에 국방이 독립된 장으로 신설되었다. 이 신헌법의 특징을 살펴보면 다음과 같다.

첫째, 헌법 전문에서 마르크스-레닌주의 조항이 완전히 삭제되었으며, 그 자리를 주체사상이 차지했다. 신헌법 제3조는 국가는 "사람 중심의 세계관이며 인민대중의 자주성을 실현하기 위한 혁명사상인 주체사상을 자기 활동의 지도적 지침으로 삼는다"고 규정했다.

둘째, 북한의 사회 발전 단계를 구헌법 규정보다 오히려 낮게 잡았다. 북한은 구헌법이 제정되던 1972년에 그들의 사회 발전 단계를 "사회주의의 완전한 승리를 향한 단계"로 규정하고 그에 상응한 노선을 추구해왔다. 그러나 신헌법은 여전히 사회주의 완전 승리 테제를 제시하기는 했지만 전반적으로 그들의 사회 발전 단계를 과거 규정보다 낮은 수준의 사회주의로 파악했다. 예컨대, 신헌법은 구헌법이 규정하고 있던 "프롤레타리아 독재 실시"(제10조)를 "인민민주주의 독재 강화"(제12조)로 바꾸었다. 북한에서 인민주주의 독재가 넓은 의미의 프롤레타리아독재정권이기는 하지만 "프롤레타리아독재를 세우기에 앞서 수립되는 독재"로 인식된다는 점을 고려하면, 이런 변화는 북한 지도부가 자신의 사회 발전 단계를 하향화해서 인식하게 되었음을 보여주는 것이다. 사실 신헌법이 제시한 인민민주주의 독재는 기존에 북한이 규정해온 "프롤레타리아독재를 세우기에 앞서 수립되는 독재"라는 의미보다는 중국 헌법이 규정하고 있는 인민민주주의 독재와 같은 개념인 것으로 보인다. 즉 인민민주주의 혁명을 2단계로 나누어 1단계를 반제 반봉건 혁명으로 보고 2단계를 사회주의 혁명과 건설로 보는 시각에서 규정한 2단계를 말한다. 하지만 그렇더라도 '프롤레타리아독재'라는 명제를 포기한 것은 자기 사회 발전 단계를 하향화한 것으로 볼 수 있다.

신헌법은 주권 문제와 관련해서도 약간의 변화를 보여주었다. 구헌법은 국가의 주권이 "노동자, 농민, 병사, 근로 인텔리"에게 있다고 규정했지만 (제7조), 이것이 신헌법에서는 "노동자, 농민, 근로 인텔리와 모든 근로인민"에게 있는 것으로 바뀌었다. 병사가 빠지는 대신 "모든 근로인민"이 추가된 것이다. 이 역시 구헌법이 추구했던 무계급사회로의 이행이라는 관점에서 보면 오히려 사회 발전 단계가 후퇴했음을 보여준다.

이렇듯 북한이 사회 발전 단계를 하향 조정한 기본적인 문제의식은, 흔히 중국의 사회주의 초급 단계론에서 제기되는 주요 모순, 즉 '날로 증가하는 인민의 물질 문화적 수요와 낙후된 사회생산력 사이의 모순'에 대한 인식과 비슷해 보인다. 신헌법 곳곳에 생산력 발전을 도모하기 위한 다양한 조치들이 추가되어 있는 것이 이를 입증한다. 예컨대, 구헌법에서는 협동적 소유 부문들이 일방적으로 전 인민적 소유로의 전환 대상으로 강조되었던 데 비해, 신헌법에서는 전 인민적 소유 부문과의 유기적 결합과 그 공고 발전이 병행 강조되고 있으며, 외국 기업과의 합영 합작을 장려하는 조항도 신설되었다. 기술 발전과 농촌기술혁명을 강조하는 조항들도 같은 맥락에서 명기된 것으로 보인다.

셋째, 구헌법과 비교해볼 때 신헌법에서 체계상 가장 크게 달라진 부분은 국방 관련 조항이다. 신헌법은 종래 정치(제1장)의 한 조항에 불과했던 국방 관련 조항(제14조)을 따로 떼내어 독립된 국방(제4장)장을 편성했다.

북한은 대외적으로 당면한 위기가 체제를 위협하고 있다고 간주하고, 그 위협에 대응하기 위해 국방 개념의 외연을 확장시킨 것으로 보인다.

신설 조항인 제59조는 북한 무장력의 사명이 '근로인민의 이익을 옹호하며 외래 침략으로부터 사회주의 제도와 혁명의 전취물을 보위하고 조국의 자유와 독립과 평화를 지키는 데 있다'고 규정하고 있다. 북한 지도부는 북한사회가 고도로 동원화된 병영사회이기 때문에 국방 개념의 외연 확장과 이에 대한 강조를 통해 세계사적 변화와 외부 압력에 대처해서 북한사회의 단결을 공고하게 만들려 한 것으로 보인다.

북한 지도부가 이렇게 기본 원칙 분야에 국방장을 신설한 것이 대외정세 변화에 대처하기 위한 것이었다면, 국방위원회의 위상을 강화한 것은 국방 강조와 함께 김정일 후계 체제 확립과도 관련이 있었다. 원래 구헌법에서 국방위원회는 중앙인민위원회의 사업을 돕는 부문별 위원회중 하나였다(제105조). 그리고 국가주석이 당연직 국방위원장이 되도록 되어 있었다(제93조). 이는 국가주권을 대표하는 국가주석이 군 통수권을 가져야 한다는 점에서 당연한 규정이라고 할 수 있다. 그러나 신헌법에서는 국방위원회가 '국가주권의 최고군사지도기관'(제111조)으로 규정되면서 '국가주권의 최고지도기관'(117조)인 중앙인민위원회에 앞서 모두 6개 조항으로 구성된 독립된 절(제3절)로 자리 잡은 한편, 국방위원회 위원장도 최고인민회의에서 별도의 절차에 의해 선거하도록 되었다(제91조 7항). 이와 함께 구헌법에서 국가주석에게 부여되었던 '전반적 무력의 최고사령관'(제93조)이라는 조항이 삭제되고, 대신 국방위원회 위원장이 일체 무력을 지휘 통솔하도록 규정되었다(제113조). 이는 국가기구 분야에서 국방 분야가 국가주석의 관할 밖에 있음을 보여주는 것이다.

이렇듯 신헌법이 국방위원회의 위상을 파격적으로 강화한 이유는 무엇

국방위원장 김정일

김정일은 1993년 4월에 국방위원회 위원장에 취임하여 북한 권력의 핵심인 당과 군에 대한 실질적인 지도권을 장악했다. 북한은 김정일이 국방위원장에 취임하기 1년 전인 1992년 4월에 국가주석을 대신해 국방위원장이 일체의 무력을 지휘 통솔하도록 헌법을 고쳐 김정일 후계 체제를 공고히 하기 위한 사전 준비 작업을 마무리했다. 이로써 김정일은 김일성이 맡고 있는 국가주석직을 승계하지 않고도 군 지휘권을 장악한 북한의 최고지도자가 될 수 있었다.

보다도 김정일 후계 체제를 물리적으로 공고하게 담보하기 위해서였다. 사실 이 국방 관련 조항의 수정은 이미 1991년 12월부터 예견되어왔다. 당시 김정일은 조선인민군 최고사령관에 취임함으로써 북한사회에서 실질적인 통수권자가 되었다. 그러나 그의 군 최고사령관 취임은 군 통수권자가 국가주석으로 되어 있는 당시 헌법에 어긋나는 것이었다. 따라서 북한은 국가주석을 김일성이 맡고 있는 권력구조를 그대로 유지하면서 김정일의 군에 대한 지휘권을 확립시키는 쪽으로 방향을 잡고 신헌법에 그 내용을 포함시킨 것으로 보인다.

북한의 근로단체가 하는 일

사회주의 국가에 존재하는 사회 조직들은 크게 집권 공산당과 광범한 대중을 이어주는 연결벨트 역할을 하는 대중단체와 일반 사회단체로 나뉜다. 노동자나 농민, 청년, 여성들을 망라하는 대중 조직이 전자라면, 각종 친선단체와 전문가협회(기자동맹, 문학동맹 등) 등이 후자에 속한다. 여기서 대중단체는 그 중요성이나 기능 면에서 다른 사회단체들과 본질적으로 다르다.

사회주의 국가에서 대중단체들은 당의 외곽 조직으로서 공산당이 대중을 지도하는 핵심적인 수단으로 활용되어왔다. 레닌은 무산 계급이 분산되어 있고 농민과 같은 비(非)무산 계급이 주요 근로대중으로 남아 있는 상황에서, 이 대중단체들은 전위대인 공산당과 대중을 연결하는 고리가 된다고 인식했다. 그는 프롤레타리아독재는 "전위대와 선진 계급의 대중, 그리고 그와 근로대중 사이를 이어주는 연결고리(transmission-belt) 없이는 불가능하다"고 주장했다.

대중단체에 대한 레닌의 인식은 북한에도 그대로 이어졌다. 북한에서 대중단체의 주요 기능은 옛 사회주의 국가들과 마찬가지로 궁극적으로 당의 사상이나 의도를 각 근로단체의 활동 영역에 전달하는 것이다. 따라서 이 단체들의 1차 목표는 자본주의사회의 노동조합처럼 자기 조직의 특별한 이익을 추구하는 것이 아니다. 그들의 주요 과업은 사회주의 체제의 유지와 발전에 필요하다고 간주되는 기능들—예컨대 시민의 통합, 정치사회화, 동원화, 통제나 공산당의 의지를 조직 구성원에게 전달하는 일 등—을 수행하는 것이다.

북한에서는 이런 대중단체를 근로단체라고 부른다. 근로단체는 대중을 북한의 공산당인 조선노동당의 주위에 집결시키기 위해 활용된다. 따라서 근로단체들은 기본적으로 대중에 대한 사상교양단체의 성격을 가진다. 즉 근로단체들은 사상교양 사업을 통해 대중을 계급적으로 각성시키고 혁명투쟁을 불러일으키는 역할을 한다. 여기서 사상교양의 내용은 노동 계급의 혁명사상으로 규정되는 최고지도자인 '수령의 혁명사상'과 근로자들의 사상문화 지식이다. 근로단체가 이렇듯 조선노동당의 사상교양을 담당하고 있기 때문에, 이 단체들은 계층·연령·성별에 따라 특징에 맞게 사업할 수 있도록 직업과 성(姓), 계층별로 각각 하나의 대중 조직으로 구성된다. 따라서 이 근로단체는 원칙적으로 당 밖의 모든 군중을 포괄하도록 되어 있다.

북한 근로단체의 이런 성격과 역할은 현존 사회주의 국가인 중국과 비교할 때 상당한 차이를 보인다. 북한의 근로단체들은 당의 사상교양단체라는 기능 외에 특수한 자신의 이익을 전혀 표현할 수 없는데, 중국의 공회(工會, 직업동맹)나 공산주의청년단(공청단) 등의 근로단체는 "전국 인민의 총체적 이익"을 옹호하는 동시에 각자 "자신이 대표하는 군중의 구체적 이익"을 옹호한다. 특히 공회는 노동자의 복지와 권익 문제까지 다룬다. 물론 중국의 근로단체들도 정책결정 과정에서 자신의 특수 이익을 표명하고 실현하는 데 자율적이지 못하고, 당이 결정한 전체 사회의 이익을 받아들여야 한다는 점에서 자기 이익 표현에는 한계가 있을 수밖에 없다.

사회주의 국가에서 근로단체는 대체로 노동자 조직, 농민 조직, 청년 조직, 부녀 조직 등 4가지로 나뉜다. 북한의 경우, 이 4개 방면에서 각각 조선 직업총동맹(직업동맹), 조선 농업근로자동맹(농업근로자동맹), 김일성사회주의청년동맹(청년동맹), 조선 민주주의여성동맹(여성동맹)이 각 분야의 유일한 근로단체로서 전국 규모의 조직을 가지고 있다. 이는 베트남도 마찬가지다. 그러나 농민혁명의 상징인 중국의 경우 근로단체 기능을 하는 전국적인 농민 조직이 없다. 뿐만 아니라 해당 분야의 모든 대상자가 동맹원이 되는 북한과는 달리, 중국에서는 이들 근로단체에 대한 가입이 선택적이다.

북한에서는 근로단체가 당의 사상교양단체 역할을 하기 때문에 근로단체 간에 구성원의 복수 가입을 금지하고 있다. 당원 역시 근로단체의 간부가 아니면 동맹원이 될 수 없다. 그러나 중국에서는 이들 조직 간에 복수 멤버십이 가능하다. 중국에서 가장 유력하고 커다란 근로단체는 공회이다. 공회는 모든 기업소나 사업 단위에서 결성된다. 그리고 이 공회에는 부녀연맹원이나 공청단원도 가입할 수 있다. 따라서 한 사람이 공회원이면서 부녀연맹원이며 공청단원일 수 있다. 그리고 공청단원은 정식 당원이 될 경우 단을 탈퇴해야 하지만, 공회원이나 부녀연맹원은 그대로 동맹원의 자격을 지닐 수 있다. 이런 사실은 중국의 근로단체가 북한보다 상대적으로 성별, 직업, 계층별로 조직된 당의 사상교양망 성격이 덜하다는 점을 보여준다.

북한에서는 14세 이상 주민은 조선노동당 당원이 아닌 한 반드시 앞서 언급한 4개 근로단체 중 한 곳에 가입해야 한다. 우선 만 14세부터 30세까지의 비당원은 모두 청년동맹에 가입하도록 되어 있다. 그러다 보니 북한의 고등학생, 대학생과 군인 중 비당원인 사람은 예외 없이 이 단체 동맹원이다. 그러나 청년동맹원이 당원이 되지 못하고 30세에 이르면 이 조직을 떠나 자신의 직업에 따라서 직업동맹이나 농업근로자동맹, 여성동맹 등에 가입해서 또 다른 조직생활을 해야한다. 물론 만 30세 이상자 중 특별히 원하는 경우 동맹생활을 1~2년 더 할 수도있다.

북한에서 직업동맹은 만 30세 이상으로 비당원인 모든 노동자, 기술자, 사무원을 대상으로 조직된 가장 방대한 근로단체이다. 북한의 노동규정에 따라 직업동맹원에 소속되는 연령은 남자 만 31~60세, 여자 만 31~55세까지이다. 농업근로자동맹은 비당원인 농민, 농업기술자 등 농업 근로자들로 구성되며, 연령 규정은 직업동맹과 같다. 여성동맹은 다른 근로단체에 가입하지 않은 만 31세에서 55세까지의 여성들을 망라하고 있다. 그리고 노동 적령기를 넘어 은퇴한 이들은 인민반에 소속되어 조직생활을 하게 된다.

북한 외교의 변천 과정

김일성 시대에 북한이 공식적으로 내세운 외교적 이념과 대외 활동의 원칙은 자주·친선·평화였다. 이를 풀어서 설명하면 "국제관계 분야에서 자주성을 확고히 견지하고 세계 여러 나라들과의 친선 협조관계를 발전시키며 세계의 평화와 안정을 보장하기 위해 적극 투쟁한다는 것"이다. 북한은 이 이념과 활동 원칙 아래 자기 체제의 유지·발전에 필요한 국제적인 여건 조성과 이른바 '국제 혁명역량의 증진'을 통해 자신에게 유리한 통일 환경을 만드는 것을 목표로 외교 활동을 전개했다.

1980년대 말 사회주의 진영이 몰락하기 전까지 북한 외교는 사회주의권과 비동맹 블록인 제3세계 국가들과의 관계에 치중되어 있었다. 북한이 사회주의 국가들과의 관계를 중시한 것은 냉전에 기초한 양대 진영의 대결이 지속되는 가운데 자신이 사회주의 진영에 속해 있었기 때문에 자연스러운 것이었다. 이에 비해 제3세계권과의 비동맹 외교는 이른바 '제국주의의 침탈'을 받고 있는 공동의 처지라는 인식과 남한과의 외교 경쟁에서 우위를 차지하겠다는 의도가 중첩되어 활발하게 이루어졌다.

북한은 헌법 제17조에 대외 활동의 중요 원칙으로 "국가는 자주성을 옹호하는 세계 인민들과 단결하며 온갖 형태의 침략과 내정 간섭을 반대하고 나라의 자주권과 민족적·계급적 해방을 실현하기 위한 모든 나라 인민들의 투쟁을 적극 지지 성원한다"는 내용을 명시했다. 이 헌법을 문맥상 볼 때, 북한이 서방 국가들과 외교관계를 맺지 않을 이유는 없어 보인다. 그러나 냉전 시기 북한의 대서방 외교는 서방 국가들이 북한과 적대관계에 있었기 때문에 매우 취약할 수밖에 없었다. 1970년대 초중반 미·중 데탕트가 촉발한 특별했던 시기를 제외하면, 냉전기 북한의 대서방 외교는 내세울 것이 없었다.

그런데 사회주의의 몰락과 냉전의 붕괴가 본격화된 1980년대 말 이후, 북한 외교 노선에 변화가 발생했다. 북한은 내부자원이 고갈된 가운데 사회주의권의 붕괴로 사회주의 국제시장이 소멸하는 현실에 직면하여, 생존을 위해 서방 국가들과 관계 확장을 추구하지 않을 수 없게 되었다. 더욱이 그동안 체제 경쟁을 벌여왔던 남한이 1990년과 1992년에 각각 소련 및 중국과 외교관계를 맺으면서 북한의 입장이 다급해졌다. 북한은 외교의 폭을 옛 사회주의권 중심에서 미국과 일본을 비롯한 대서방관계로 확장하고자 시도했다. 이를 위해 1990년대에 들어서 외교부 내 미국과와 일본과를 합쳐서 미일국(美日局)을 만들고, 이를 다시 미국국·일본국으로 확장시키며 대미·대일 외교에 주력했다.

비동맹권에 대한 북한의 관심도 1990년대 이후 대만·태국 등 동남아 국가 중심으로 변화했다. 이런 북한 외교의 중심축 이동은 "아세아 여러 나라 인민들과의 친선 협조관계를 적극 발전시켜나갈 것"을 천명한 김일성의 1991년 신년사에서 강력하게 시사되었다. 김일성은 "근면하고 재능 있는 아세아 인민들이 자주성과 평등, 호혜의 원칙에서 서로 단결하고 긴밀히 협조해나간다면 아세아의 안전과 공동의 번영을 이룩할 수 있으며 세계평화 위업에 이바지할 수 있다"면서 대아시아 외교의 중요성을 강조했다. 이런 논조는 "사회주의 나라 인민들과 블록 불가담 나라 인민들을 비롯한 세계 진보적 나라 인민들과의 친선 협조관계"를 일방적으로 강조했던 1990년의 신년사와 크게 대조된다. 이는 북한이 탈냉전 시대에 적응하기 위해 자신의 외교적 행동 기준을 과거 이데올로기 중심에서 경제 중심으로 변화시키면서 나타난 현상이라고 할 수 있다.

04

사회주의권이 붕괴되고 탈냉전이 본격화된 1990년대는 북한에게 시련의 시기였다. 사회주의권의 몰락은 북한과 긴밀한 관계를 맺어왔던 대부분의 동맹과 우방이 사라진다는 의미였다. 동시에 북한이 싼 값으로 물품을 사들이거나 원조를 받을 수 있었던 사회주의 경제권이 소멸된다는 의미이기도 했다. 더욱이 북한은 이미 1980년대부터 누적된 경제 침체로 인해 심각한 경제난에 빠져 있었다. 그에 더하여 1990년대 중반에 발생한 대홍수는 식량난을 가중시키며 북한 경제를 파탄으로 몰아갔다.

설상가상으로 소련 해체로 유일한 초강대국이 된 미국은 북한에 대해 핵개발 의혹을 제기했다. 미국은 북한의 모든 대외적 행동반경을 견제했으며, 이는 결과적으로 탈냉전의 입구에서 북한이 새로운 생존 전략으로 과감한 대외관계 개선

신화시대의 종언과
김정일 시대의 개막

을 선택할 수 있는 여지를 축소시켰다. 북핵 문제를 둘러싼 북미갈등은 1994년 10월 북미 제네바 기본합의서가 체결됨에 따라 일단락되었지만, 이미 북한은 외교적으로 더욱 고립되어버렸으며 국제사회에서 불량국가라는 이미지만 더 강해졌다.

이렇듯 대내외적 위기가 가중되는 상황에서, 1994년 7월 김일성이 사망하고 후계자 김정일이 뒤를 이어 통치자가 되었다. 김일성 사망은 북한사회를 넘어 한반도 안보정세에도 중대한 영향을 미쳤다. 북한이 대내외적 위기에 처한 상황에서 김일성이 사망했기 때문에, 북한 내부의 상황 전개에 대한 세계의 관심은 매우 컸다. 대부분의 서방 전문가들과 언론은 김일성 사후 북한 정세가 불안해지고 체제가 붕괴할 가능성이 높다고 점쳤지만, 김정일은 오히려 비교적 안정적으로 자신의 통치 체제를 구축해갔다. 그러나 김일성의 유산으로 물려받은 경제 침체와 식량난, 대외적 고립 등은 김정일 시대에 무거운 짐이 되었다.

북한 핵개발의 쟁점화와 미국과의 갈등

냉전시대의 북미관계는 남북관계와 더불어 동북아 지역의 적대적 대결 관계의 상징이었다. 적대적인 북미관계가 냉전의 산물이라는 점에서 냉전 해체는 북미 적대관계를 해소할 수 있는 결정적인 기회였지만, 양국이 북핵 문제를 둘러싸고 대립했기 때문에 이 기회를 포착하지 못했다. 북한과 미국은 1992년부터 북핵 문제를 둘러싸고 대립했다.

북핵 문제가 북미 간 최대 쟁점이 된 것은 냉전 해체 이후 미국이 세계질서의 유일한 관리자 역할을 하면서 그동안 미국의 감시 밖에 있던 핵, 미사일 등 대량살상무기에 대한 북한의 개발 움직임이 미국의 중대한 우려 사안이 되었기 때문이다. 북한은 1960년대 이후 핵개발을 추진하고 미사일 산업을 발전시켜왔다. 그러나 냉전 시기에는 미국이 북한의 대량살상무기 개발을 저지할 수단을 갖지 못했다. 소련과 중국도 북한의 대량살상무기 개발을 탐탁지 않게 여겼지만, 북한에 대한 전략적 고려와 내정 불간섭의 전통 때문에 쉽사리 북한에 압력을 가할 수 없었다. 거꾸로 북한은 1960년대 중국 및 소련과 각각 갈등을 겪고, 중소분쟁이 전쟁으로 비화하는 것을 목격했다. 따라서 적대적인 대남·대미관계에서 오는 필요성 외에도 사회주의 진영 내부의 사정이 북한으로 하여금 자체 방위력 강화에 주력하게 했으며, 나아가 핵무기를 포함한 대량살상무기의 개발에 관심을 갖도록 만들었다.

이런 상황에서 사회주의 진영이 붕괴하자, 북한의 대량살상무기 개발이 지구상 유일한 초강대국이 된 미국의 규제 대상이 된 것이다. 북한 지도부는 내부 경제자원의 고갈로 인해 외부의 지원 없이는 체제 안전이 불투명해진 현실을 고려하여 미국과의 타협을 선택했다. 그래서 핵개발의 포기와 미사일 수출 중단 등을 대가로 미국이 '북한 체제의 안전'을 보장하고 '경제적 보상'을 해줄 것을 희망했다.

북한은 1950년대부터 소련의 지원 아래 원자력을 습득하면서 원자력 산업을 육성했다. 그 과정에서 소련은 북한에게 실험용 원자로(IRT-2000) 등을 제공했는데, 이것들은 소련과 체결한 '원자력협정'에 의해 국제원자력기구(IAEA)의 사찰이 의무화되어 있었다. 따라서 핵무기 제조용으로 용도를 전환하는 것은 거의 불가능했다. 북한은 1980년대에 들어서서 영변 지역에 독자적인 핵 시설을 비밀리에 건설하기 시작했다. 이에 소련이 '핵의 평화적 이용'을 위한 자유로운 활동을 보장받기 위해서는 NPT(핵확산 금지조약) 가입이 필수적이라며 북한을 설득했다. 그 결과 북한은 1985년 12월 NPT에 가입했다. 그러나 북한은 NPT 가입 이후 18개월 내에 체결해야 하는 'IAEA 안전조치협정'을 미루는 등 NPT 활동에 미온적인 태도를 보였다. 아마 사회주의 진영이 붕괴한 1980년대 말의 급변하는 국제정세가 이런 북한의 태도 변화에 큰 영향을 미쳤을 것이다.

1990년대 들어서서 북한 핵 문제는 북한의 핵무기 개발 의혹을 실증하는 인공위성 촬영 사진 자료들이 잇달아 공개되면서 국제사회의 중요한 이슈로 부각되었다. 미국과 IAEA는 핵개발 의혹을 조사하기 위한 IAEA의 특별사찰을 받아들이라고 북한을 압박했다. 그러나 북한은 이를 거부하고 거꾸로 1993년 3월 NPT 탈퇴를 선언함으로써 동북아의 긴장을 고조시켰다.

NPT 탈퇴 지지 군중집회

북한은 1980년대에 들어서서 영변 지역에 독자적인 핵 시설을 비밀리에 건설하기 시작했다. 핵의 평화적 이용을 위한 자유로운 활동을 위해 꼭 필요하다는 소련의 설득으로, 북한은 1985년 10월 NPT(핵확산금지조약)에 가입했지만, 국제원자력기구와 미국의 끈질긴 사찰 요구를 거부하고 1993년 3월 NPT 탈퇴를 선언함으로써 동북아의 긴장을 고조시켰다.

결국 북핵 문제의 위기는 1994년 10월에 북미 간 '제네바 기본합의서'를 체결하면서 진정 국면으로 접어들었다. 이때 미국은 북한의 핵개발을 동결하는 대신 KEDO(한반도 에너지개발기구)를 통해 100만 킬로와트짜리 원자로 2기를 건설해주고, 원자로 완공 예정 시한인 2003년까지 매년 50만 톤의 중유를 북한에 제공하기로 했다.

　또 다른 대량살상무기인 미사일의 경우, 북한은 미국과 1996년 4월 베를린에서 미사일회담을 개시했다. 미국이 북한에 요구한 것은 장거리미사일 개발의 중지, 미사일의 중동 수출 규제, 북한의 '미사일기술 통제 체제(MTCR)' 가입이었으며, 북한의 대미 요구의 핵심은 그에 대한 충분한 경제적 보상이었다. 그러나 양국은 몇 차례 회담에도 불구하고 합의를 이끌어내는 데 실패했다.

동맹의 동요와 새로운 관계의 모색

　사회주의권의 붕괴와 탈냉전은 북한에게 전통적인 동맹인 중국 및 소련과의 관계에서 심각한 도전을 안겨주었다. 무엇보다도 소련의 붕괴와 러시아로의 전환, 중국의 전면적인 개혁개방 추구 등으로 인해 기존의 동맹관계가 크게 흔들렸다.

　1991년 소련 붕괴 이후 탄생한 러시아는 옛 소련 시절의 북한과 동맹관계를 사실상 파기하고 친한親韓적인 대한반도 정책을 전개했다. 러시아는 북한을 교조적이며 전제적인 공산 체제의 전형으로 인식했으며, 그 결과 양국관계는 극도로 악화되었다. 그 과정에서 러시아는 1961년 7월에 옛 소련이 북한과 체결한 '우호 협력 및 상호원조조약'의 파기를 통보했으며 1996년에 그 효력을 소멸시켰다. 러시아는 북한이 외부 공격을 받을 경우 소련의 자동 군사 개입을 명문화한 이 조약을 폐기함으로써, 북한과의 전통적인 동맹관계를 공식적으로 폐기했다.

극심한 경제난에 빠져 있던 러시아는 1990년대 초 남한의 경제적 협력을 기대하고 한반도에서 친한 정책을 구사했다. 그러나 친한 일변도 정책이 기대했던 효과를 거두지 못하고 한반도에서 자신의 영향력만 약화되자, 1990년대 중반 이후에는 남북한 사이에서 등거리 외교로 전환했다. 그러면서 북한과 러시아의 관계도 일정하게 회복되었다. 러시아는 북한과 2000년 2월에 보통 나라들 간에 맺는 친선조약(친선·선린 및 협조에 관한 조약)을 체결했다.

한편 중국은 사회주의 진영 붕괴 이후 북한의 미래에 가장 커다란 영향력을 지닌 나라로 부각되었다. 탈냉전 초기인 1980년대 말까지 북한과 중국은 긴밀한 동맹관계를 유지했지만, 양국의 노선 차이로 인해 항상 갈등의 소지가 있었다. 3장에서 살펴보았듯이, 1980년대 중국은 마오쩌둥 시대의 진영론陣營論과 '제국주의와의 전쟁 불가피론'을 폐기하고 사회주의 초급 단계론을 내세우며 개혁개방을 추구한 데 반해, 북한은 여전히 진영론에 입각해 세계를 보면서 '제국주의자와의 타협이 지닌 위험성'을 경고하며 '사회주의 완전 승리'를 주창했다. 외교에서도 중국은 대서방관계를 지속적으로 강화했지만 북한은 서방에 대한 적개심을 공공연히 표출하면서 여전히 사회주의 국가나 비동맹 국가들과의 관계에 치중했다. 따라서 양국관계에는 틈새가 생길 수밖에 없었다.

특히 1992년 8월 한중수교가 이루어지면서 양국관계는 냉각 상태로 접어들었다. 1980년대 말 그동안 북한의 전략적 가치를 높여주던 중소분쟁의 긴 역사가 청산되자, 중국은 북한에 대해서도 과거보다 상대적으로 강도 높은 실용주의 정책을 추구해나가려 했다. 바로 그 징표가 한중수교였다. 중국은 1992년 4월 김일성 생일 80회 기념사절로 국가주석 양상쿤楊尙昆을 보내, 한중수교를 단행할 것임을 통보하고 북한 지도부의 양해를 구했다. 그러나 북한은 남한과 수교하려는 중국의 정책을 격렬하게 반대했으며, 한중수교가 이루어지자 이를 배신행위로 간주했다.

북한의 입장에서 볼 때, 한소수교에 이어 이루어진 한중수교는 '교차승인 반대'라는 자신의 일관된 주장이 좌절되었음을 의미했다. 한중수교가 북미·북일수교와 별개로 그에 앞서 이루어짐으로써, 북한은 외교적 고립과 함께 기존의 '교차승인 반대'에서 거꾸로 미일과의 수교를 간청해야 할 입장에 놓이게 되었다.

한중수교는 북한 외교에 결정적인 타격을 가했다. 특히 한중수교가 이루어진 1992년 8월은 북한이 핵사찰 문제로 미국 등 서방에 의해 외교적으로 견제당하고 있던 시기였기에, 이 사건으로 북한이 받은 타격은 더욱 컸다. 한중수교 이후 북한과 중국 사이에는 전통적인 양국 정상들의 상호방문이 끊겼다. 총리급 이상 고위지도자들의 상호방문이 재개된 것은 1999년 6월 김영남 최고인민회의 상임위원장이 홍성남 내각 총리를 비롯한 주요 인사들을 대동하고 중국을 방문하면서부터였다.

한중수교로 양국관계가 냉각되는 가운데, 북한과 중국의 경제관계에도

한중수교

소련에 이어 중국마저 1992년 8월 대한민국과 공식 국교를 수립하자, 북한은 외교적 고립 상태에 처할 수밖에 없었다. 한중수교 이후 북한과 중국 사이는 급속히 냉각되어, 1999년까지 양국 정상들의 상호방문이 완전히 끊길 정도였다.

새로운 변화가 일어났다. 중국과 북한은 기존에 국제가격의 절반 이하로 상대방에게 물품을 공급하는 우호가격제와 물물교환의 무역 방식을 유지해오고 있었다. 그런데 1990년대에 들어서면서 중국이 기존 방식을 바꾸어 북한에게 현금 결제 방식을 요구하고 나선 것이다. 중국의 조치는 탈냉전의 세계사적 추세에 맞추어 양국관계를 동맹관계에서 실용주의적 협력관계로 전환시키려는 의도를 지닌 것이었다. 하지만 그것은 악화일로를 걷고 있던 북한 경제를 막다른 궁지로 몰아넣었다.

이런 상황에서 북한은 한중수교로 인한 중국과의 외교적 갈등을 양국관계 전반으로 확장시킬 수 없었다. 이미 내부자원의 고갈로 인해 외부의 경제적 지원을 받지 않으면 위기 탈출이 불투명한 상태로 빠져든 북한으로서는 중국의 지원이 절실했다. 중국 역시 한중수교에도 불구하고 전반적인 동북아 역학구조와 중국의 북한에 대한 전략적 이익을 고려하여 전통적인 우호관계가 전면적으로 소멸되는 것을 원하지 않았다.

따라서 양국관계는 1990년대 중반부터 다시 회복되기 시작했다. 중국은 양국 교역관계에서 북한에게 요구했던 현금 결제 방식을 포기하고 다시 우호가격제와 구상무역의 일종인 물물교환을 부활시켰으며, 경제원조도 개시했다. 그러나 이때 회복된 북중관계는 냉전시대처럼 무조건 도와주는 혈맹관계는 아니었다. 북한과 중국의 관계는 전통적인 혈맹관계에서 '중국이 북한의 존립과 관련된 사활적 문제가 발생할 때는 북한을 돕지만 그렇지 않은 일반적 이슈들에 대해서는 국익 도모를 위해 국제관행을 존중하여 선택적으로 북한과 협력하거나 북한을 돕는 관계'를 뜻하는 '전략적 협력관계'로 전환되었다.

김일성 사망, 신화시대의 종언과 김정일 시대의 개막

1994년 7월 8일 김일성이 사망함으로써 북한 역사의 한 장이 막을 내렸다. 그가 북한사회에서 차지했던 비중만으로도 그의 사망은 충분히 시대를 구분하는 경계가 되었다. 그가 사망한 시점의 북한은 경제적으로 심각한 침체에 빠지고, 외교적으로 고립이 심화되었으며, 사회적으로는 체제가 이완되는 시기였다. 한마디로 위기의 시대였다.

김일성 사망 이후 위기의 북한은 정치적으로 김정일 시대로 표현된다. 김정일 시대는 김일성이 이끌어온 과거 북한의 연속선 위에서 전개되었다. 우리가 군이 "위대한 수령 김일성 동지는 영원히 우리와 함께 계신다"는 북한의 선전문구나, 후계자 김정일이 김일성의 죽음을 애도하여 그의 공식 직책을 승계하지 않은 채 김일성의 생전 교시를 그대로 받들어 정치를 해나간다는 뜻의 '유훈통치'를 언급하지 않더라도, 김정일이 김일성 사상을 체계화하고 김일성 개인숭배를 규범해온 후계자라는 점에서 김정일 시대는 김일성 시대의 연속선상에 존재한다고 할 수 있다. 1960년대 후반 이후 김정일이 북한 역사에 깊이 개입해온 사실 자체가 김일성 사후 북한이 과거의 연장 혹은 과거의 확대로서 존재함을 보여준다. 이 연속성은 1998년 9월에 개정된 새로운 헌법 전문에서 김일성을 "영원한 주석으로 모시고" 헌법 자체를 "김일성 헌법"으로 명명한 데서도 잘 드러났다.

이런 관점에서 북한 역사에서 김정일 시대가 지니는 의미를 살펴보면 다음과 같다. 첫째, 김정일 시대는 정치사회적으로 유일체제의 완성 시기로 볼 수 있다. 앞에서 살펴보았듯이 권력자인 수령을 중심으로 전체 사회

북한의 도시나 마을 입구에는 반드시 김일성의 초상화인 '태양상'이 새겨진 영생탑이 서 있다. 태양상은 당 중앙위원회의 허락을 받은 다음에야 제작할 수 있으며, 살아 있는 수령과 다름없이 간주되어 건립 장소로 운반할 때 차량과 통행자를 통제한다고 한다. 북한사회가 김일성의 사후에도 여전히 김일성 개인숭배에 의해 움직이는 수령제 사회임을 상징적으로 보여준다.

가 일원적으로 편제되어 있는 유일체제는 1967년을 계기로 형성되기 시작하여 1970년대에 이론적 토대를 마련하면서 완성되었다. 이 유일체제의 성공적 작동을 가늠하는 시금석 중 하나가 후계자의 안정적인 권력 승계였다. 그런데 김일성의 사망과 김정일의 무난한 권력 계승은 이를 사실로 입증했다. 따라서 김정일 시대는 '북한적 현상'을 상징하는 유일체제의 완성기라고 볼 수 있다.

둘째, 김정일 시대는 구세대인 혁명세대가 역사무대에서 퇴장하고 신세대가 역사의 전면에 등장하는 시기라고 할 수 있다. 이 신구 세대교체를 가장 극적으로 보여준 것이 바로 김일성의 사망과 김정일의 최고지도자 지위 계승이었다. 김일성의 사망은 북한에서 이 사회의 건설 초기부터 지금까지 유일적 권력을 행사해온 유일지도자의 죽음과 함께 고집스럽게 '혁명적 대의'와 '명분'에 집착했던 구세대의 퇴장을 의미한다. 따라서 그의 죽음은 '혁명적 대의'와 '명분'에서 어느 정도 해방되어 있는 새로운 세대에 의한 실용주의 노선이 채택될 수 있는 가능성을 열었다고 볼 수 있다.

셋째, 김정일 시대는 사회주의권 붕괴와 함께 다방면에서 북한 체제의 위기가 심화되는 시기에 출범했다는 특징을 지닌다. 김정일은 가장 안정적으로 구시대를 이어받았지만, 또 다른 측면에서는 경제적 위기와 외교적 난관 등이 산적한 어려움을 앞에 두고 출범했다. 더욱 심각한 문제는, 북한 위기의 상당 부분이 수령의 권력 기반인 유일체제의 비효율성으로부터 발생하고 있다는 점이다. 유일체제가 안고 있는 비민주성과 낮은 생산성이 북한 위기의 근본을 이루고 있는 것이다. 이런 맥락에서 보면 김정일

시대는 사회주의권의 붕괴와 맞물리면서 유일체제의 비효율성이 본격적으로 드러나는 시기라고 할 수 있다.

전반적으로 볼 때, 북한 역사에서 김정일 시대는 기회보다는 위기 요인을 훨씬 더 많이 안은 채 출범했다. 특히 과거와의 연속적 측면이 오히려 큰 부담이 되었다. 다시 말해, 김정일 정권은 살아남기 위해 자신이 쌓아온 과거를 부정하거나 과거를 수정하지 않으면 미래를 장담하기 어려운 역사적 국면에서 출범했다는 것이다.

심화되는 경제 침체, 이완되는 사회 체제

1990년대에 들어서면서 북한 경제는 내부자원의 고갈로 인한 극심한 자원 제약에 시달리며 심각한 침체 국면에 빠져들었다. 국내총생산 개념으로 볼 때 북한 경제는 1990년대 내내 연속 마이너스 성장을 기록하며 규모가 크게 위축되었다. 그 결과 북한에서 군수경제와 구별되는 민수경제 부문을 의미하는 제1경제 분야는 에너지 부족과 원자재 부족 현상의 심화로 인해 순환구조가 거의 마비 상태로 치달았다.

주민생활과 직접 관련을 갖는 국가 공급 체계도 만성적인 공급 부족에 시달리면서 제 기능을 거의 발휘하지 못했다. 공장가동률은 30% 이하로 떨어졌으며 국영상점의 상품은 거의 고갈되었다. 이로 인해서 수요-공급의 현격한 불일치가 생겨나고, 사적 시장 영역인 비공식경제 부문(암시장)이 급격히 확장되었다. 그리고 암시장 가격이 등귀함으로써 노동자들은 사실상 그들이 노동의 대가로 받는 월급을 가지고 생활할 수 없게 되었다. 가치교환과 저장의 수단인 화폐의 역할도 유명무실해져서 경제 운용을 더욱 악화시켰다.

상품 공급 체계뿐만 아니라 북한 사회주의를 지탱해온 중요 축인 배급 체계도 동요했다. 북한의 배급 사정은 이미 1980년대 중반부터 나빠지기 시작했는데, 1990년대 중반에 이르러 수해까지 겹치면서 사정이 더욱 악화되었다. 내각 산하의 제1경제 부문과 별도로 운용되는 군수 산업 부문을 가리키는 제2경제 부문(제2경제위원회 산하 부문)은 상대적으로 덜 침체되었지만, 탈냉전의 조류 속에서 무기의 해외 판매가 크게 줄어들어 어려움을 겪었다.

북한의 경제 위기는 북한 주민의 최소한의 생존 조건인 식량 수급에 심각한 장애를 일으켰다. 북한의 식량 사정은 전통적인 곡창지대인 황해북도 은파, 인산 등이 1995, 1996년에 연속 수재를 당하면서 크게 악화되었다. 그 결과 1996년에 이미 전국 도처에서 배급이 끊어지거나 극소량만 지급되는 현상이 나타났다. 이로 인해서 농촌에서조차 수재 지역을 중심으로 초근목피로 끼니를 이어가는 현상이 나타났다.

북한 지도부는 1990년대 중반 이후 식량 문제 해결을 정권의 최대 현안 과제로 삼았다. 그들은 식량난을 타개하기 위해 '고난의 행군'(1997), '강행군'(1998) 등의 구호를 내세우며 주민들을 독려했지만 별다른 성과를 거두지 못했다. 북한의 식량난은 김정일이 1996년 12월에 한 비밀연설에서 "열차 칸에는 식량을 구하러 다니는 사람들로 혼잡을 이루고 있다"는 사실을 지적하며 "어디 가나 가슴 아픈 일들이 많이 벌어지고 있"다며

"현 시기 제일 긴급하게 풀어야 할 것은 식량 문제"라고 말했을 정도로 심각했다. 북한의 선전 매체들이 "쪽잠과 줴기밥('주먹밥'의 북한어)으로 끊임없는 현지 지도의 길"을 이어가면서 "일군들에게 늘 나는 지금 우리 인민들을 배불리 먹이지 못하는 것이 제일 가슴 아프다고, 요즈음은 앉으나 서나 누우나 어떻게 하면 인민들을 배불리 먹일 수 있겠는가, 어떻게 하면 더 잘살게 하겠는가 하는 생각뿐"이라는 김정일의 말을 보도할 정도로, 1990년대의 식량난은 북한사회를 공포로 몰아넣었다.

따라서 1990년대 북한 지도부에게 경제난 극복은 최대의 과제였다. 김일성이 1994년 7월 생전에 한 마지막 연설도 경제 정상화와 관련된 것이었다. 그는 이 연설에서 공장기업소들의 생산을 정상화하기 위해 전력생산의 정상화, 비료생산의 정상화, 비날론 생산의 정상화, 시멘트 생산의 정상화, 금속공장들의 정상화를 간부들에게 촉구했다.

북한의 경제난은 체제를 이완시키는 방향으로 커다란 영향을 미쳤다. 심각한 경제난은 주민들 사이에 체제부정의식을 발생시키고 전반적인 사회 통제를 이완시켰다. 김정일 정권은 국가가 주민들의 최소한의 삶마저 제대로 보장해주지 못하게 되면서 주민들로부터 급격히 신뢰를 잃어버렸다. 북한의 지배사상인 주체사상에 대한 주민들의 신뢰도 점점 약화되었다. 무엇보다 북한의 경제난은 개인숭배 시스템을 동요시켰다. 김일성·김정일 부자에 대한 절대적 충성과 효성을 보장하기 위한 이 시스템은, 개인숭배의 물질적 보상인 '부족하지 않은 물질적 삶'이 좌절되면서 동요의 조짐을 보였다. 주민들 사이에 개인숭배에 대한 회의가 나타나기 시작했다. 과거와 달리 김일성·김정일 초상에 대한 경배의식도 많이 약화되었으며, 주민들은 종종 낮은 수준이지만 당국에 대한 불만을 공개적으로 표출하기도 했다.

조선노동당의 사회 통제 기능도 약화되었다. 주민생활 공급 체계가 제대로 작동하지 못하게 되자, 많은 주민들이 빈곤을 타개하기 위해 직접 식량을 구하러 나서면서 인구의 유동성이 급격히 증가했다. 그로 인해 주민생활총화나 직업동맹 등 근로단체들의 조직생활도 느슨해졌다. 지역에 따라서는 일주일에 한 번씩 열리는 주민생활총화(토요학습)도 제대로 하지 못할 정도로 조직생활이 이완되기 시작했다.

경제난으로 인해 발생한 체제 이완 현상은 북한 주민들의 국가에 대한 정체의식正體意識도 약화시켰다. 대홍수와 대기근을 거치면서 북한 주민들과 하급 관리들 수준에서 '누가 지도자가 되든 밥만 먹여줄 수 있으면 된다'는 생각이 퍼지기 시작했다. 경제난은 각종 사회 범죄를 증가시키고 관료들의 부패를 확산시켰다. 특히 배금사상이 만연했다. 이는 각종 물품 부족이 심화되는 가운데 사회적으로 기존의 정치사상 중심의 사회 운용 기능이 대단히 취약해졌음을 보여주는 것이다.

사회 저변에서는 부분적이지만 부의 편중 현상도 발생하기 시작했다. 일본에서 송금을 받는 북송 재일 교포와 1990년대 이후 중국과 상대적으로 자유로운 교역을 하면서 재산을 불린 화교, 커미션 착복이나 물건 빼돌리기 등으로 축재한 외화벌이꾼, 밀수꾼 등이 부를 축적하기 시작했다.

한편 심각한 경제난과 그로 인한 사회 체제의 이완에 영향을 받으면서 북한 관료기구의 기능도 약화되었다. 이전까지 북한의 국가기구들은 최고 지도자의 수직적인 지도·통제에 순치되어왔기 때문에, 부처 간 횡적 조정

벌어지는 빈부 격차

함경남도 도 행정위원회 간부가 여성을 태운 채 벤츠를 타고 지나가는 옆으로, 봇짐을 짊어진 두 여인이 걸어 가고 있다. 북한은 도 소재지 외교단 사업부에는 볼보를, 도당에는 신형 벤츠를, 군 행정위원회에는 벤츠를 지 급하고 있다. 당 간부와 일반주민의 생활 격차를 직접 눈으로 확인할 수 있는 사진이다.

(coordination) 기능이 요구되는 새로운 상황에 직면해서 관료기구들은 상당한 혼선을 빚었다. 특히 대외 분야에서 수평적 조정 통제의 경험이 없는 조직들이 서로 불합리한 경쟁과 정책 혼선을 빚으면서 문제점이 두드러지게 나타났다.

자구책의 한계와 사적 시장의 발생

북한 지도부는 먹고 입는 최소한의 문제도 해결하지 못하는 상황에 이르자 여러 가지 자구책을 모색하고 나섰다. 조선노동당은 1993년 12월에 중앙위원회 제6기 제21차 전원회의를 열어 경제난 극복을 위해 농업·경공업·무역의 3개 부문 제일주의를 내세웠다. 북한 지도부 입장에서 최대의 당면 과제는 식량난의 해결이었다. 북한은 1995년의 대홍수를 계기로 최악의 상황에 직면한 식량난 타개의 한 방편으로, 역사상 처음으로 서방에 식량 원조를 요청했다. 그 결과 1995년과 1996년에 한국과 일본으로부터 35만 톤의 쌀을 지원받았으며, 중국으로부터 50만 톤 이상의 식량을 지원받았다.

북한 지도부는 대내적으로 증산 캠페인이나 '하루 두 끼 먹기운동' 같은 전통적인 자구 방식을 동원하는 한편, '재생산 과정에서 쓰이지 않고 남아 있거나 효과적으로 쓰지 못하고 있는 생산의 여러 요소들'을 뜻하는 내부 예비의 동원을 독려했다. 이와 함께 근본적인 자원의 고갈 상황을 극복하기 위해 대외 경제관계의 확장을 추구했다. 북한 지도부가 시도한 대외 경제관계의 확장은 국지적인 개방과 대외 무역관계의 확장으로도 나타났다. 북한은 그동안 비판적으로 보던 중국의 개방 정책을 원용하여 1993년 10월에 '합작법'을 제정하고 1994년 1월에는 1984년 9월에 제정된 합영법을 외국인 투자에 보다 유리하도록 개정했다. 그에 앞서 1991년 12월에는 나진-선봉 지구를 경제특구(자유경제무역지대)로 지정하면서 각종 외국인 투자유치법안을 제정하는 등 외국 기업과 자본 도입에 적극성을 보였다.

북한이 이렇게 실용주의적 대외 경제 정책으로 선회했다는 점은 1990년대에 발표된 김일성과 김정일의 여러 저작들에서도 확인된다. 김일성은 사망하기 직전의 연설(유훈교시)에서 북한의 산업 정상화를 위해 서방과의 경제관계 확장이 불가피함을 역설했다. 그는 "어느 나라든지" 북한과 경제 합작을 하자고 하면 하겠다는 의지를 천명했다. 김정일도 1991년 10월 전국과학자대회에 보낸 서한에서 전자공학·기계공학 분야 등 과학 전 분야의 빠른 발전을 강조하면서 과학자와 기술자들이 "충실성과 혁명적 열정"을 가지고 있는 것만으로는 안 된다며 실력 배양을 촉구했다. 나아가 "선진 과학기술"의 도입이 주체 확립과 결코 모순되지 않는다며 그것의 적극 도입을 촉구하고 최신 과학기술 분야에서 앞선 나라들과의 폭넓은 합영과 합작을 강조했다.

그러나 북한의 개방은 중국처럼 전체 사회의 구조 개혁을 목표로 하는 것이 아니라 제한된 지역이나 분야를 선택적으로 각각 고립시켜 개방함으로써, 경제적 이익은 취하되 개방이 체제 내부에 미칠 영향을 차단하는 양상으로 나타났다. 즉 북한 지도부는 개방과 자본주의적 요소의 북한 내 확산 차단이라는 두 목표를 동시에 달성하려 했다. 그 결과 나진-선봉

지구처럼 수도 평양에서 멀리 떨어져 있으며 상호 고립적인 지역들을
내부와 차단시켜 개방하는 '점분산형點分散型' 개방을 지향했다. 그러나
이런 제한적인 점분산형 개방 정책은 북한 자체의 준비 부족과 북핵 문제,
남북관계 악화와 같은 부정적인 외부 환경에 민감하게 영향을 받으면서
성과를 거두지 못했다.

북한 농업 분야에도 자구적 의미에서 부분적이지만 구조적인 변화가
일어났다. 북한 당국은 식량난이 극심해지면서 1996년부터 협동농장의
분조관리제에 획기적인 인센티브 제도를 도입했다. 기존에 10~25명으로
구성되었던 분조원의 숫자를 가족 중심의 7~8명으로 줄이고, 각 분조의
생산 목표를 과거 3년간의 평균 수확고와 그 이전의 10년간 평균 수확고를
합하여 나눈 평균치로 정했다. 그리고 이 생산 목표를 초과한 수확량은
분조 성원들이 직접 나누거나 자유롭게 처분하도록 했다. 이렇게 인센티
브 부여의 단위를 가족 단위까지 세분화시킨 것은 개별 농민들의 생산
의욕을 자극하기 위해서였다.

한편 북한 당국은 부족한 식량 부분은 각급 기관이나 생산 단위가 자체
해결할 것을 요구했다. 따라서 각급 기관들은 중앙정부, 지방정부, 군,
각급 생산기업소를 가릴 것 없이 모두 자구책의 일환으로 대외 경제관계
에 뛰어들었다. 그러나 수출자원의 부족으로 인해 그들의 대외 무역은
감소 추세를 벗어나지 못했다. 결국 도시 노동자들은 자신이 속한 직장에
서도 식량을 공급받지 못하게 되자 식량을 구하기 위해 직장을 이탈하여
농촌 지역을 유랑하기에 이르렀다.

북한의 경제 위기는 전통적인 자구책이나 부분적인 개혁 조치, 혹은

되거리꾼 단속

극심한 경제난으로 암시장이 활성화되자 중간상인인 '되거리꾼'도 늘어났다. 협동농장을 찾아다니며 쌀을 사서 시장에 내다 파는 낱알(쌀) 되거리꾼들의 경우, 저울 눈금을 속여 많은 이익을 남기는 경우도 있다고 한다. 북한 정부는 되거리꾼이 기승을 부리자 장이 서는 곳 주변이나 도시 입구에 경비 초소를 세우고 감시를 강화했지만 좀처럼 사라지지 않고 있다.

임시방편적인 대응으로 해결되기에는 너무나 심각했다. 따라서 사회 저변에서 주민들 스스로 살길을 찾기 시작했다. 주민들은 모자라는 양식을 구해 살아남기 위해서 암시장, 즉 사적 시장을 발전시켰다. 암시장은 수요와 합법적 생산량 사이에 불균형이 생길 때 발생한다. 구조적인 공급 물품 부족이 암경제가 기능할 수 있는 기본 토양인 것이다. 북한에서 이런 사적 시장은 기존에 쌀을 제외한 농산물을 교환하기 위해 열흘에 한번 개장되어왔던 합법적인 농민시장이 상설적인 시장(장마당)으로 전환되면서 확산되었다. 농민시장은 원래 "협동농장들의 공동경리와 협동농민들의 개인 부업 경리에서 생산된 농산물과 축산물의 일부를 농민들이 일정한 장소를 통하여 주민들에게 직접 파는 상업의 한 형태"로 발생했다. 그래서 농민시장은 1개 군郡에 하나만 설치하도록 되어 있었다. 그러나 도시와 국경 지방을 중심으로 그 숫자가 크게 증가했다.

한편 모자라는 식량을 확보하기 위해 주민들이 새로운 땅을 개간함으로써 비사회주의적 경작면적이 증가하기 시작했다. 대표적인 예가 뙈기밭이다. 뙈기밭은 개인이 산이나 하천 주변의 빈터를 밭으로 가꿔 사적으로 경작하는 토지를 일컫는다. 소토지라고도 불리는 이 뙈기밭은 특히 1990년대 중반 이후 광범하게 확산되었으며 면적도 넓어졌다.

위기 극복의 대안으로 부각된 군사국가화

북한 지도부는 김일성 사후 위기 대응의 일환으로 군사국가화라는 새로운 생존 전략을 구사했다. 군사국가화란 군이 최고지도자의 명을 받들어 사회·경제 전반에서 국가 운명의 개척자로 나서는 양상을 말한다. 군사국가는 김정일이 위기의 북한을 이끌어가는 중요한 정치적 수단이 되었다.

군사국가는 사회 체제의 동원화와 일상화된 부대의식部隊儀式을 바탕으로 성립된 병영국가의 성격 위에, 군대가 제반 비국방 분야의 운용에도 직접 나선다는 특징을 가진다. 그런 맥락에서 김정일 시대의 군대는 인프라 건설의 핵심 노동력으로 부각되었고 군의 사업 방식이 모범적인 전형으로 부각되어 전체 사회에 강조되었으며 종종 부진한 농업생산력 회복을 목적으로 농장에도 군대가 파견되었다. 군대가 국방 수호자의 수준을 넘어 '사회주의 북한'을 수호하고 난국을 개척하는 수문장, 개척자의 역할을 겸하게 된 것이다. 군대가 "우리 조국 보위도 사회주의 건설도 다 맡아 나섰다"는 말은 이 군사국가의 면모를 잘 보여준다.

북한에서 군사국가화의 경향이 본격적인 모습을 드러낸 것은 1996년이었다. 군사국가화의 경향은 조선노동당이 악화되는 경제난을 막지 못하고 사회 기강의 해이에 제대로 대처하지 못하면서 등장했다. 특히 김정일의 당 간부들에 대한 불신이 군에 대한 의존도를 높였다. 김정일은 "지금 사회의 당 일꾼들이 군대 정치 일꾼들보다 못하다"거나 "모든 당 조직들과 당 일꾼들은 자고자대하지 말고 혁명적 군인정신을 따라 배워 당 사업에서 새로운 전환을 일으켜야 한다"며 '사회의 당'이 '병영 안의 당'을 따라 배울 것을 요구했다. 그 연장선에서 금강산발전소 건설에서 발휘되었다는 '혁명적 군인정신'이 병영 밖으로 파급되어 대중운동의 전형으로 확산되었다. 군에서 창출한 모범의 대중운동화라고 할 수 있는 이 캠페인

소총을 들고 가는 북한 여성들

은 그동안 민간 대중운동에서 만들어진 구호나 기치가 군대로 전파되었던 전례와 대조되는 것이었다.

군사국가화의 진행은 자연스럽게 군의 위상을 강화시켰다. 예컨대 조선노동당 내에서는 중앙위원회 산하의 군사위원회가 중앙위원회와 동격인 중앙군사위원회로 격상되었고, 인민군 총참모장과 총정치국장 등 군 핵심 간부의 노동당 내 서열이 격상되었다. 그리고 북한군 창군일(4월 25일)과 휴전협정 체결일('조국해방전쟁 승리의 날' 7월 27일) 등 두 개의 군 관련 기념일이 모두 국가 명절로 지정되었다.

한편 군사국가화의 경향은 김정일 체제가 공식 출범하는 1998년에 들어서 '선군정치'라는 담론이 나오면서 하나의 제도로 굳어졌다. 김정일 정치의 특징으로 선전되고 있는 선군정치는 군 중시의 정치로서 "군대를 중시하고 그를 강화하는 데 선차적 힘을 넣는 정치"로 규정되었다. 그리고 선군정치 방식은 "군사 선행의 원칙에서 혁명과 건설에서 나서는 모든 문제를 해결하고 군대를 혁명의 기둥으로 내세워 사회주의 위업 전반을 밀고 나가는 영도 방식"으로 규정되었다. 즉 "인민군대를 핵심으로 하여 혁명대오를 튼튼히 꾸리고 혁명적 군인정신을 무기로 하여 사회주의 건설을 밀고 나가는 것"이 선군정치라는 것이다. 김정일은 이 선군정치를 "나의 기본 정치 방식이며 우리 혁명을 승리에로 이끌어나가기 위한 만능의 보검"이라고까지 표현했다. 결국 군대를 중심으로 사회주의를 이끌어간다는 뜻이었다.

북한 지도부가 군사국가의 제도화를 추구한 것은 자기 체제의 가용역량을 최대한 동원하기 위해 전체 사회에 일사불란한 명령 체계를 주입시키고, 나아가 대중적 저항의식이 성장할 수 있는 사회 분위기를 봉쇄하기 위해서였다고 생각된다. 이는 위기 타개를 위해 일반자원의 고갈 속에서 대내적으로 유일한 가용자원이며 대외적으로 여전히 위협적인 지렛대인 군을 활용하려는 전략이다. 특히 북한은 체제 위기 속에서 외부 세계에 대해 자신이 한반도 정세의 중대변수로서 능력을 가지고 있음을 보임으로써 자신의 존재가치를 인정받기 위한 방편으로 군사국가화를 추구한 측면도 있다. 다른 한편 군사국가화는 군사주의를 통해 현안인 '경제난' 자체를 희석시키려는 회피 담론의 일종으로 추구되었다. 예컨대 북한 지도부는 미국 등 '제국주의 세력'의 압살과 봉쇄 정책에 맞서 체제 수호를 위해 국방력을 강화시키다 보니 경제가 이 지경에 빠졌다고 변명한다. 그리고 그 논리의 연장선에서 군사적 위기를 강조하며 경제보다 군사가 우선이라는 주관적 논리를 주민들에게 주입시키는 것이다.

그러나 군사국가화의 경향이 지닌 한계는 분명했다. 북한 군부는 국방 수호자 수준을 넘어 '사회주의 북한'을 수호하고 난국을 개척하는 수문장, 개척자의 역할을 자임했지만, 그들은 방어적 측면에서 국가와 사회를 지킬 수는 있어도 외부자원을 끌어들여 경제를 회생시킬 능력을 가지고 있지 못했다. 이런 일은 개혁개방에 대한 지도자의 결단과 당과 정무원의 경제 엘리트들이 없으면 해낼 수 없는 일이었다.

1990년대 북한 경제 위기의 원인

북한에서 경제 위기의 조짐은 이미 1980년대 중반부터 나타나 1990년대 들어 심화되었다. 북한의 경제 위기는 매우 복합적인 원인들로 인해 발생했다. 먼저 사회주의적 소유 방식과 그에 기초한 중앙집권적 계획경제가 지닌 본질적인 문제점이 드러났다. 북한 지도부는 생산수단에 대한 사적 소유를 착취와 압박의 사회경제적 근원으로 보았다. 따라서 그들은 소유 형태의 다양화를 부정하고 국영을 의미하는 전 인민적 소유나 농촌의 협동적 소유와 같이 생산수단의 사회화를 추구했다. 그리고 경제 발전의 틀로서 중앙집권적 계획경제 체제를 구축했다. 하지만 사회주의적 소유 방식은 개인의 인센티브 결핍으로 현실에서 비자발적 성격을 노출하게 되었고, 이는 곧 생산성 저하로 나타났다. 중앙집권적 계획경제는 중앙에서 수천, 수만 가지에 이르는 상품의 수급을 모두 원활하게 조정하는 일이 현실적으로 어렵다는 점과, 중앙에서 모든 부문을 조정하는 데 필요한 정보를 모으는 것이 사실상 불가능하다는 점에서 심각한 문제를 드러냈다. 한 부문에서 생산 부족이 발생하면 그에 따라 산업별로 병목 현상이 나타나고, 그것이 궁극적으로 전체 체계로 확산되었다.

자원 배분의 왜곡과 불균형도 북한 경제 침체의 요인으로 지적된다. 유일체제 아래서 최고지도자인 수령과 국가의 위신을 세우기 위한 건축물 조성 및 각종 행사들은 모든 사업에 우선해서 투자 대상이 되었으며, 이런 정치 우선 사업 방식은 자원 배분의 왜곡을 누적시켰다. 유일체제의 유지·강화라는 정치적 목표를 위해 경제의 합리성을 부차적인 것으로 돌린 동원화 정책들은 북한 경제의 침체를 낳은 중요한 요인으로 작용했다.

심각한 경제난에도 불구하고 국가예산비율 중 절대우위를 차지하는 국방비 예산이 경직성을 띠고 있다는 것도 경제 침체의 가중 요인으로 작용했다. 과다한 국방비 지출이 그나마 보유하고 있는 내부 가용자원마저 경제 회생을 위해 적절히 배분하기 어렵게 만든 것이다.

북한 경제의 침체가 급격하게 심화된 데는 사회주의 진영의 붕괴로 인한 기존 무역관계의 단절도 한몫을 했다. 북한은 소련 및 동구의 몰락으로 이들 국가와의 경제관계가 대부분 단절되거나 대폭 축소되는 어려움을 겪었다. 특히 소련으로부터 공급되던 원유와 식량지원의 단절은 북한 경제에 막대한 타격을 입혔다. 게다가 중국마저 한때 북한에 구상무역 대신 경화 결제를 요구함으로써 북한의 경제난을 가중시켰다.

북한에 대한 서방의 봉쇄 정책도 북한 경제의 침체를 가속시켰다. 앞서 살펴본 것처럼 1990년대 초반 북핵 문제가 발생한 이후 미국을 중심으로 한 서방은 북한에 대한 경제적 봉쇄의 끈을 놓지 않았으며, 이는 가끔씩 시도되는 북한의 개방지향적 정책들마저 좌절시켰다.

결국 북한 경제는 내부모순과 외부적 제약 요인이 중첩되면서 1990년대에 이르러 심각한 침체 국면에 빠져들었다. 그리고 이 두 요인은 서로 질곡관계를 맺으며 지속적으로 북한 경제 침체를 가속화했다. 즉 그동안 심화된 내부모순이 대외 경제관계의 원활한 확장을 막았으며, 거꾸로 외부적 제약 요인이 내부모순을 심화시킨 것이다.

'북한 문제'의 국제적 쟁점의 발생과 배경

냉전 해체로 진영 간 대결이 종식되고 중국과 러시아가 미국이 주도하는 새로운 세계질서에 편입됨으로써, 북한은 서방이 대주주인 국제사회에 내던져진 격이 되었다. 따라서 북한 내부를 감출 수 있고 사회주의 진영과의 협력만으로도 살아갈 수 있었던 냉전시대와는 달리, 북한 내부의 문제나 비밀스럽게 진행되던 위협적인 행동들이 국제사회에 드러나기 시작했다. 이런 맥락에서 1990년대 들어 북한은 내부적으로, 혹은 국제사회와 접촉하는 지점에서 유례없이 많은 문제들을 발생시켰다. 심각한 경제난으로 인한 대북 식량지원 문제와, 경제난이 촉발시킨 체제 위기로 인한 한반도 정세의 불안정, 핵개발 시도와 장거리미사일의 개발, 북한 내부의 인권 문제 등 국제사회의 쟁점이 된 '북한 문제'가 한꺼번에 터져나온 것이다.

이 '북한 문제'는 북한 체제의 내재적인 문제점과 경제 위기, 혹은 외교적 고립과 안보 불안 등 다양한 원인에 기인했다. 그러나 무엇보다도 '북한 문제'의 국제적 쟁점을 발생시킨 근본적인 요인은 1980년대 말부터 진행된 사회주의권의 붕괴와 탈냉전의 도래였다. 20세기 말에 발생한 사회주의의 몰락은 자본주의적 삶이 21세기 인류의 보편적 가치가 될 것임을 예고했다. 이는 세계경제가 단일한 자본주의 시장경제로 급격히 재편되는 과정에서 잘 드러났다. 이제 지구상에는 더 이상 '진영으로서의 사회주의'나 '시장으로서의 사회주의'는 존재하지 않는다.

이런 세계사적 변화는 북한에게 구시대에는 상상할 수 없었던 시련과 도전을 안겨주었다. 특히 탈냉전이 전통적인 중소분쟁의 종식을 동반함으로써, 북한은 냉전구조와 중소분쟁에 의존해 상당한 대외적 안정성을 확보하고 경제·군사적 지원을 받았던 기존의 전략적 환경 구도를 상실했다. 더 이상 '냉전시대의 수혜자'로 남기 어렵게 된 것이다. 이런 상황은 북한으로 하여금 그들의 전통적인 우방이었던 소련, 중국과의 관계를 재조정할 수밖에 없게 만들었다.

'북한 문제'의 국제적 쟁점은 북한 경제 위기로 상징되는 총체적인 북한 위기의 심화로 인해서 가중되었다. 북한 경제는 내부자원 고갈로 극심한 자원 제약에 시달리며 심각한 침체에 빠졌다. 국가의 공급 부족이 심화되면서 주민생활도 크게 악화되었으며, 식량 사정은 최악이었다. 극심한 경제 침체는 북한으로 하여금 생존을 위해 외부 사회에 지원을 요청하도록 만들었다. 북한 지도부도 대외 무역에서 더 이상 사회주의 시장이 존재하지 않음을 인정하고, 자본주의 시장을 상대로 한 무역 정책으로 전환이 불가피하다는 것도 인정했다. 그 결과 나진선봉 자유경제무역지대 설치 시도에서 보듯이, 제한적이나마 개방과 경제 협력을 시도하게 되었다.

탈냉전의 비동시적 진행 현상도 1990년대에 '북한 문제'를 국제적 쟁점으로 부각시키는 데 중요한 작용을 했다. 탈냉전 진행의 비동시성이란, 세계 수준에서의 냉전 해체와 동북아 수준, 그리고 한반도 수준의 냉전 해체가 시간적으로 차이를 두고 진행된 것을 말한다. 세계 수준에서 냉전 해체는 1990년을 전후해 소련 및 동구 사회주의권 붕괴를 계기로 전면화되었고 빠른 속도로 진행되었다. 동북아시아 수준의 냉전도 역시 꾸준히 해체되어왔다. 그러나 이 지역에서는 잠재적 긴장 요소들이 작용하여 탈냉전이 세계 수준보다 조금 뒤쳐져서 진행되었다. 예컨대 '평화적 체제 변동 기도'를 의미하는 화평연변(和平演變)과 관련된 미국에 대한 중국의 의혹, 이 지역에서 패권적 질서를 구축하고자 하는 미국에 대한 중국의 도전, 중국과 일본 사이의 점증하는 군사적 긴장, 중국의 성장에 대한 미국의 견제 등이 냉전시대의 잔영으로 남아 잠재적 긴장요소로 작용했다. 뿐만 아니라 북한이 미국, 일본과 미수교 상태라는 점도 긴장의 한 축으로 남아 있었다. 그리고 한반도에서 냉전 해체는 남북한 간의 적대적 대결 상태의 지속으로 동북아 수준보다도 훨씬 더디고 완만하게 진행되었다. 즉 세계적 수준의 탈냉전 진행과 비교해볼 때 동북아 정세에는 여전히 냉전적 요소가 많이 남아 있었으며, 한반도는 더욱 그러했던 것이다.

여기서 탈냉전적인 국제행위는 대체로 경쟁과 협력, 그리고 공동발전을 추구하는 경제적 실용주의에 기초해 이루어진다. 국가 간 관계도 동맹보다는 다자간 협력과 안보가 더 선호된다. 반면 냉전구조 내에서 행위자들은 이데올로기·정치·군사적 대립을 하고 있으며, 이 구조 내 행위자들 사이에서는 적대성, 상호불신, 동맹성, 배제성 등이 중요한 행동 양식으로 자리 잡는다. 구체적으로 이를 한반도에 대입하면, 적대적 남북관계, 북미·북일관계의 적대성, 남한의 대북 적개심과 불신, 북한의 대미·대남 적개심과 불신 등 냉전적 요소로 한반도를 지배하며 탈냉전적인 세계적 흐름과 다투는 것이다.

이렇듯 냉전과 탈냉전이라는 두 공간에서는 각각 대조적인 국제행위 양식이 지배적으로 자리 잡고 있다. 이는 탈냉전의 비동시성으로 인해 세계—동북아—한반도를 잇는 세 층위의 공간이 지닌 국제행위 양식이 상당 부분 서로 어긋났기 때문이다. 바로 이 상위성(相違性)이 1990년대부터 '북한 문제'의 국제적 쟁점을 발생시키는 배경이 되었다.

조선노동당의 공식 위상과 실제

조선노동당은 북한이라는 사회주의 국가를 지배해온 공산당이다. 이 당은 1945년 10월 창립된 이래 북한사회 형성·발전·침체의 전 과정에 유일적 지도체로서 개입해왔다. 김일성에서 김정일로 이어지는 유일체제를 작동시키는 핵심 기구도 바로 조선노동당이다. 따라서 조선노동당의 성격과 구조를 파악하고 당이 군대·국가기구·사회와 맺고 있는 관계를 이해하는 것은 곧 북한사회의 운용 논리를 알고 북한 정치의 핵심에 접근하는 지름길이다.

북한의 이론가들은 조선노동당이 "인민의 향도력이며 혁명의 참모부"라며 그 본질을 "수령의 혁명사상을 실현하기 위한 노동 계급의 정치적 조직"으로 규정한다. 이 말은 김일성과 김정일의 혁명사상과 지도 방침을 실현하기 위한 조직이 조선노동당이라는 것이다. 이 당의 지도사상은 주체사상이며, 당 건설 이론의 핵심은 혁명적 수령관이다.

오늘날 조선노동당은 최고지도자 김정일의 '혁명사상'을 실현하기 위해 국가, 사회, 군대를 유일적으로 지도 통제하는 최고의 권력기구이다. 조선노동당의 이런 지위는 노동당 규약과 북한 헌법에도 명시되어 있다. 그렇다면 조선노동당은 북한의 국가기구와 사회, 그리고 군대를 어떻게 지도하고 통제할까?

먼저 북한의 이론가들은 북한의 국가기구(행정기관)가 당과 대중을 연결하는 포괄적인 연결고리이자 당의 모든 노선과 정책의 집행자 역할을 한다고 규정한다. 따라서 당에는 국가기구의 각 부서들을 관장하기 위한 비서국이 설치되어 있다.

앞서 살펴본 것처럼, 조선노동당은 근로단체들을 통해 비당원인 주민들을 교양하고 통제한다. 조선노동당은 현재 조선 직업총동맹, 조선 농업근로자동맹, 김일성사회주의청년동맹, 조선 민주여성동맹 등 4개의 근로단체를 당의 외곽 조직으로 포괄시켜 당의 직접적인 지도 아래 두고 당과 대중을 연결하는 기능을 맡기고 있다.

조선노동당은 또한 자신의 '혁명적 무장력'으로 규정되어 있는 군대를 직접 통제하기 위해 군대의 각급 단위에 당 조직을 구성하고, 이들로 하여금 전군의 사상 교양, 혁명전통 교양, 계급 교양을 담당하도록 하고 있다. 그리고 이들 각급 당 조직을 망라해서 조선인민군 당 위원회를 조직·운영한다. 뿐만 아니라 조선인민군 당 위원회의 집행기관으로서 당 중앙위원회와 당 중앙군사위원회의 지도를 받는 조선인민군 총정치국을 두어 군 장악을 확실히 하고 있다.

이와 같이 조선노동당은 북한사회를 이끌어가는 최고권력기구이며, 이를 보장하기 위한 제도적 장치도 갖추었다. 그러나 1990년대 이후 계속되는 경제 위기 속에서 당의 위상이 약화되고 국가 사회 장악력이 흔들리기 시작했다. 경제 위기는 스스로 국가 운명의 개척자임을 자임해왔던 조선노동당에 대한 주민들의 불신을 가중시켰다. 따라서 김정일 시대의 당은 과거에 비해 그 위상이 약화되었으며, 주민들의 신뢰도 낮아졌다. 당의 사회 장악력 약화는 근로단체들을 통한 당의 대중 교양과 통제가 이완되고 있는 데서 잘 나타난다. 원래 북한 주민들은 자기가 속한 단체별로 정치학습, 생활총화 등 쉴 틈 없이 각종 모임에 참가한다. 누구나 이런 모임에 빠지는 것은 상상하기 어려운 일이었다. 하지만 가중되는 식량난으로 주민생활 공급 체계가 제대로 작동하지 못하면서 식량을 구하기 위한 주민들의 유동성이 증가하자 사정이 달라졌다. 주민들의 조직생활이 이완되기 시작한 것이다. 그 결과 지역에 따라서는 일주일에 한 번씩 열리는 주민생활총화(토요학습)도 제대로 이루어지지 못하는 경우까지 발생했다. 주민들이 생활고에 시달리면서 당의 사회 장악력이 급격히 떨어진 것이다. 결국 당이 제시한 목표와 식량난으로 허덕이는 현실 간의 현격한 괴리는 당의 권위 저하와 통제력 약화로 연결되었다. 북한 지도부는 '사회주의의 완전한 승리'를 내세우며 "기와집에 이밥에 고깃국 먹는 세상"을 만들겠다고 수십 년 전부터 외쳐왔지만, 현실이 그 반대로 나타나면서 당의 권위가 떨어지고 엄격한 조직생활에도 금이 가기 시작했다.

한편 조선노동당의 조직 체계를 보면 당의 최고지도기관은 당 대회이다. 당 대회는 5년에 1회 소집하도록 되어 있으며, 여기서 당 강령과 규약을 채택 또는 수정 보완할 수 있다. 그리고 당 대회와 대회 사이에 당의 모든 사업을 조직하고 지도하는 최고기관은 당 중앙위원회 전원회의이다. 전원회의는 6개월에 1회 이상 소집하며, 해당 시기에 당이 직면한 중요 문제 등을 토의한다. 그런데 당 중앙위원회 전원회의는 상시적으로 당을 운용할 수 없기 때문에 당을 이끌어갈 상설기구들이 필요하다. 먼저 전원회의는 전원회의와 전원회의 사이에 당 중앙위원회 명의로 당의 모든 사업을 조직하고 지도할 정치국 및 정치국 상무위원회를 선거를 통해 조직한다. 그리고 당 중앙위원회 총비서와 비서를 선거하며, 당 중앙위원회 비서국과 군사위원회를 조직한다. 비서국은 필요시 당의 인사 및 당면 문제 등 당내 문제를 토의 결정하며 그 결정의 집행을 조직하고 지도한다. 중앙군사위원회는 당 군사 정책의 수행 방법을 토의 결정하며, 인민군을 포함한 무장력 강화와 군수 산업 발전을 위한 사업을 조직하고 지도하며 군대를 지휘한다.

조선노동당 중앙위원회 정치국과 정치국 상무위원회에서 지도 지침을 만들고, 이를 비서국에서 정책화시켜 산하 당 전문부서와 하급 당 조직을 통해 전체 당과 국가기구, 근로단체, 그리고 군대를 지도한다. 이때 당은 전문부서를 통해 해당 분야의 각급 조직들을 정책적으로 지도한다. 한편 조선노동당은 각급 정치사회 조직에 당의 기층 조직(세포, 초급 당 등)을 가지고 있다. 이 조직은 5~30명의 당원이 있는 경우 세포를 이루고, 그 이상인 경우 초급 당 조직을 이룬다.

그러나 이상에서 설명한 조선노동당의 기구와 제도는 1980년대 이후 정상적으로 작동하지 않았다. 5년에 1회 개최하도록 되어 있는 당 대회는 1980년 10월 이후 김정일 체제가 확립되는 1990년대 말까지 한 차례도 열리지 않았으며, 6개월에 1회 이상 열어야 할 당 중앙위원회 전원회의도 1993년 12월의 제6기 제21차 전원회의를 끝으로 1990년대 내내 그 개최를 알리는 보도는 없었다. 뿐만 아니라 군사위원회는 당 대회가 열리지 않았음에도 아무런 공개 절차를 거치지 않은 채 중앙군사위원회로 격상되었다. 당 중앙위원회 총비서도 1997년 10월 당 규약상 절차를 무시하는 김정일의 '조선노동당 총비서' 추대를 통해 이제는 '중앙위원회 총비서'가 아닌 '당 총비서'로 바뀌었다.

당의 중추기관인 정치국과 정치국 상무위원회는 김일성 사망 이후 위상이 현격히 떨어졌다. 정치국 상무위원회는 기존 멤버들의 사망으로 김정일 1인 위원회가 되어 사실상 유명무실해졌으며, 정치국도 김일성 사망 전에는 형식적으로라도 빈번하게 개최되었으나 김정일 시대에 들어와서는 거의 개점휴업 상태에 빠져들었다. 이처럼 조선노동당은 김일성 사후 체제 위기에 제대로 대처하지 못하면서 1990년대 내내 국가 지도 중심의 위상이 상당히 약화된 채, 사실상 빈사 상태에 빠졌다.

05

글을 맺으며

― 북한 사회주의의 침체,
    그 원인을 생각한다

김일성 사망으로 맞이한 김정일 시대의 북한은 경제적으로 심각한 위기에 봉착했고, 1인 독재의 장기화 속에서 정치·사회는 활력을 잃었으며, 대외적으로 심각한 고립 상태에 빠졌다. 북한사회가 총체적 난국에 빠진 것이다. 북한이 현재까지도 계속되고 있는 이 난국을 헤치고 새롭게 발전의 길을 찾기 위해서는, 과거의 제도나 가치만 고수할 것이 아니라 그것들을 상당 부분 포기하거나 고치고 새로운 제도와 가치를 수용해야 할 것으로 보인다. 그만큼 북한의 위기는 단기적이거나 기술적인 것이 아니라 근본적이고 구조적이며 장기적인 성격을 지니고 있다.

북한 위기의 기저에는 과거 사회주의 국가들과 마찬가지로 사회주의적 소유 방식, 중앙집권적 계획경제, 일당독재 등 사회주의에 원천적으로 내재한 문제점들이 놓여 있다. 중국, 베트남 등 다른 동아시아 사회주의 국가들은 이 문제점들을 개선해가며 경제적으로 발전해왔으며 사회적으로도 활력을 유지했다. 반면 북한은 그렇지 못했다. 사회주의 진영의 붕괴 이후 드러난 북한 경제의 실상은 다른 사회주의 국가들보다 더 열악했으며 주민들은 훨씬 더 자유롭지 못했다.

무엇이 북한 사회주의의 역사를 침체의 길로 몰아갔을까? 요약적으로 답한다면, 그동안 우리가 북한사회의 특징이라고 말해온 유일체제, 개인숭배, 주체사상, 정치 우선의 사고 등이 바로 그 장본인이라고 할 수 있다. 즉, 북한 건국 이래 북한 지도부가 추구하고 주민들에게 강제해온 그들의 기본 가치와 제도가 바로 북한 사회주의의 역사를 침체의 나락으로 빠져들게 했다는 것이다. 북한 지도부가 자신의 체제를 타자와 구별하며 자랑해마지 않았던 제도와 가치가 거꾸로 북한 사회주의로 하여금 침체의 길을 걷게 했다.

그렇다면 이 역설은 왜 발생했을까? 이 점을 규명하기 위해, 유일체제와 개인숭배, 자주성 테제, 정치 우선의 사고 등이 북한 사회주의 역사에 미친 부정적 영향을 살펴본다. 김일성주의로 극단화된 주체사상의 문제점은 이미 3장에서 설명했기에 여기서는 제외한다.

유일체제의 비효율성

한 체제의 효율성을 가늠하는 지표는 그 체제가 공동체 구성원의 민주적 삶을 어느 정도나 보장하고 있으며, 물질적 측면에서는 경제 발전에 어느 정도 긍정적인가로 측정될 수 있을 것이다. 이런 맥락에서 유일체제는 매우 비효율적인 체제이다.

먼저 유일체제는 정치사회적으로 매우 비민주적이다. 수령을 향한 전체 사회의 극단적인 구심화를 전제로 하는 이론 자체가 이미 비민주성을 내재하고 있다. 그리고 이 체제의 특징으로 나타나는 개인숭배와 동원화된 사회 체계 등은 유일체제가 지닌 비민주적이며 기계적인 집단주의적 성격을 잘 보여준다.

유일체제가 지닌 일원성은 북한 주민들이 창의력을 발양하는 데도 매우 부정적인 영향을 미쳐왔다. 북한 지도부는 정치적 다원주의와 다당제 불허를 천명하면서 유일체제를 고수했다. 그로 인해 북한 체제는 사회 내의 모든 사유가 최고지도자 1인의 교시로부터 나오고, 그를 중심으로 전체 사회가 동심원적으로 편제되면서 최소한의 다원성마저 봉쇄되는 성격을 지니게 되었다. 체제의 극단적인 일원성은 사회구성원들이 자유롭고 다원적인 사고를 통해 창의력을 키우는 것을 어렵게 만들었다.

뿐만 아니라 유일체제는 그 속성상 최고지도자의 유고有故시 극심한 체제 불안을 겪을 수 있는 소지를 안고 있다. 북한의 논리에 따르더라도, 유일체제가 권력 교체 과정에서 체제의 연속적 안정성을 보장할 수 있었던 것은 오랫동안 수령을 보좌하며 지도자 수업을 받아온 후계자의 존재 때문이었다. 예컨대 지난 1994년 7월 김일성이 사망했을 당시 북한사회는 20년간 준비되어온 김정일이라는 후계자가 있었기 때문에 안정적으로 권력 교체기를 넘길 수 있었다. 그러나 만약 후계자가 수령이 되고 그를 이을 새로운 후계자를 미처 선정하지 못하거나 선정된 이가 새로운 후계체제를 완성하기 전에 수령이 사망한다면, 그 체제는 권력의 안정적 승계에 실패하면서 심각한 위기에 처할 수 있다. 그 경우 유일체제는 구심력의 정점이 공동화되면서 엄청난 체제 동요를 보이기 쉽다.

유일체제는 정치적 비민주성 못지않게 경제적 측면에서도 비효율성을 안고 있으며, 실제로 북한 경제에 매우 부정적인 영향을 미쳐왔다. 무엇보다도 유일체제는 모든 사업에서 수령의 위신을 앞세운 정치적 논리에 경제의 합리성을 종속시킴으로써 합리적인 경제 논리를 무시하고 투자 순위를 왜곡시켜왔다. 예컨대, 북한 당국은 최고지도자의 위신과 국가적 위세를 과시하기 위한 건축물 조성이나 행사에 최우선적으로 예산을 투자해왔다. 1980년대 김정일이 주도한 평양의 주체사상탑과 개선문, 김일성 경기장, 인민대학습당 건립이나 1989년에 있었던 평양 세계청년학생축전 유치 등이 대표적인 경우이다. 1960년대 중후반부터 가속화된 극단적인 개인숭배 캠페인이나 빈번한 대규모 군중 동원 역시, 유일체제의 유지 강화라는 정치적 목표를 위해 경제 논리를 배제하고 강행된 동원화 정책들이었다.

유일체제는 사회구성원들의 창의력을 고갈시킴으로써 결과적으로 북한 경제의 질적 상승을 의미하는 내포적 발전을 가로막았다. 한 나라 경제의 질적 도약과 발전을 위해서는 사회구성원들의 창의적 상상력과 다원적 의견 개진이 필수적이다. 그러나 유일체제 아래서 북한의 과학자들이나 노동자, 농민들은 그들의 생산 관리 방식 하나조차도 수령의 교시나 언술에 따라야 한다. 이런 교시 체계에서 창의적인 과학기술이나 경제 관리 방식이 개발되기는 매우 어렵다.

유일체제는 개방이라는 북한 경제의 당면 과제를 실천하기 위한 상부구조로서도 적합하지 않다. 유일체제의 기본적인 특징은 일원성이다. 유일체제의 극단적인 일원성은 개방으로 인해 필연적으로 유입될 다원적 요소와 마찰을 빚을 것이다. 그러나 이 마찰이 두렵다고 내부자원이 고갈된 북한 경제가 개방을 회피할 길은 없어 보인다. 따라서 시장경제와 함께 북한사회에 유입되어 들어오는 다원적 요소는, 일원적 성격을 지닌 북한 체제와 긴장 상태를 유발시킬 가능성이 높다. 그리고 이 긴장 상태를 제대로 해소하지 못하면 개방이 체제 동요와 연결될 수도 있다.

결국 유일체제로는 개방이 몰고 올 다원적 요소들을 탄력적으로 감당해

내기 어렵다. 북한 지도부도 이 사실을 잘 알고 있기 때문에 그동안 자기 체제의 생존을 위해서는 개방이 불가피함을 알면서도 개방에 부정적인 태도를 취한 것으로 보인다. 이는 지도부를 집단 지도 체제로 바꾸어 사회주의에서도 정치 체제의 다원성을 일정하게 확보함으로써 기층 사회에서 싹트는 다원성에 탄력적으로 대응한 중국의 체제와는 대조적인 것이다.

인민주권을 무력화시킨 개인숭배 담론들

북한에서 나타나고 있는 최고지도자에 대한 극단적인 개인숭배 문화는 북한 정치사회의 활력을 약화시키고 주민들을 정치의 주체가 아닌 피동체로 만들었다. 이런 개인숭배는 수령과 대중의 관계를 규정한 혁명적 수령관과 사회정치적 생명체론 같은 시대착오적 담론들에 의해 지탱되었다.

3장에서 살펴보았듯이, 혁명적 수령관은 수령의 무오류적 지도와 대중의 수령에 대한 무조건적인 충실성의 결합을 전제로 한다. 그러나 혁명적 수령관이 제시하는 수령의 개념과 수령에 의한 유일적 지도라는 명제는 치명적인 논리적 취약성을 안고 있다. 혁명적 수령관은 모든 방면에서 완전무결한 지식과 영도력, 품성을 갖추고 대중과 완벽하게 함께 호흡하면서 그들을 지도하는 '제도'로서의 수령을 제시한다. 그러나 이렇듯 완전무결한 수령은 현실적으로 불가능하다. 설령 가능하더라도 수령의 완전무결함이 "인민대중에 대한 지도는 수령의 유일적 영도여야 한다"는 논리의 근거가 됨으로써 결과적으로 인민대중을 역사 속에서 비주체적인 피동체로 만들고 있다.

혁명적 수령관이 암묵적으로 전제하고 있는 수령의 무오류적 지도의 논리도 커다란 위험성과 허구성을 가지고 있다. 아무리 완벽한 수령이라 하더라도 수령의 지도가 완벽하게 무오류라는 것은 현실에서 있을 수 없는 일이다. 오류 없는 지도란 100%의 오류만 저지르는 지도만큼이나 불가능하다. 이런 무오류성의 암묵적 전제는 결과적으로 한 사회를 반성 없는 사회로 만들어갈 가능성이 높다. 지도의 오류가 인정되지 않으니 반성할 필요가 없는 것이다. 한 사회에서 시행착오에 대한 반성과 반추는 그 사회의 발전을 담보하는 원동력임은 두말할 나위가 없다. 그런데 혁명적 수령관은 이 원동력이 발휘될 수 있는 공간을 폐쇄하고 있는 것이다.

혁명적 수령관은 수령의 교시로 법 체계를 대체하고, 그에 따라 법치주의 원리마저 파괴할 가능성도 매우 높다. 역사적으로 사회주의 국가에서 스탈린 시기나 문화대혁명 시기처럼 개인독재가 이루어질 때면 최고지도자의 교시가 법률을 대체함으로써 법치주의를 파괴해왔다. 그런데 혁명적 수령관에 기초하고 있는 유일체제 아래서는 수령 교시의 절대적 진리성이 이데올로기화되어 있기 때문에 수령의 교시에 의한 법 체계의 대체가 더욱 쉽게 일어날 수 있다.

한편 사회정치적 생명체론은 수령-당-대중이 '혈연적 관계'로 맺어지는 사회정치적 생명체라고 주장하며 대중에게 '사회정치적 생명의 은인'인 '어버이 수령'에 대해 충성과 효성을 다하도록 요구하는 담론이다. 이 담론도 이론적으로나 현실적으로 심각한 문제점을 안고 있다. 사회정치적 생명체론은 수령에 대한 충실성, 혁명적 동지애, 혁명적 의리, 수령에

김정일 생일 경축판

매년 김정일의 생일인 2월 16일이 다가오면, 이를 축하하기 위한 경축판이 직장 단위마다 경쟁적으로 세워진다. 김정일을 찬양하고 충성을 맹세하는 내용이 주를 이루고 있다.

의 충성과 효성 등을 강조한다. 그런데 이 개념들은 새로운 것이라기보다는 전통적인 봉건적 개념과 사회주의적 도덕률을 뒤섞어놓은 것이다. 봉건과 현대를 착종해놓은 이 개념들을 통해 북한사회를 '사회주의 대가정'으로 묘사하고 여기에 필요한 도덕률을 만들어 학습, 선전, 교육 등을 통해 전체 사회에 주입한 것이 사회정치적 생명체론이다.

사회정치적 생명체론이 제시하는 도덕률대로라면, 체제가 잘못된다 해도 운명공동체로 규정되어 있기 때문에 이는 지도자와 대중이 모두 포괄되는 전체 사회구성원 공동의 책임이며, 혁명적 의리와 동지애를 간직한 사람이라면 어떤 경우에도 수령을 배신해서는 안 된다는 논리가 성립된다. 즉 수령-당-대중의 사회정치적 생명체를 하나의 운명공동체인 국체國體로 받아들임으로써 현재의 문제를 '사회주의 대가정'을 이루고 있는 '우리 모두'의 문제로 환원시킬 것을 요구하며, 어떤 상황에서도 현재의 낙후성이나 제반 문제는 수령 지도의 오류가 아니라 '우리 모두'의 책임이라는 담화를 함축하고 있는 것이다. 그런 맥락에서 볼 때 사회정치적 생명체론은 공동운명체를 구실로 수령 지도의 오류 문제가 제기될 수 있는 여지를 처음부터 봉쇄하고 있으며, 지도에 대한 대중적 평가를 이론 구성에서 배제함으로써 이를 원천적으로 막고 있다.

자주성 테제의 당위와 현실적 모순

북한의 자주 노선 추구도 당위적 차원의 정당성과는 달리 현실에서는 국가 발전에 부정적인 영향을 적지 않게 끼쳤다. 북한에서 자주성 테제는 유일체제의 자기 정체성 확보와 대내적 단결력 증대의 중요한 사상적 동인이었다. 북한이 1960년대 자력갱생을 주창한 이래 내놓은 '우리식대로 살자' '인민대중 중심의 우리식 사회주의' 등의 기치는 모두 주체사상의 자주성 테제의 영향을 받은 것이다.

주체사상의 핵심 테제인 '자주적 입장의 견지'는 당과 국가 활동의 기본적인 지도원칙으로 작용하고 있다. 자주적 입장은 "매개('하나 하나'의 북한어) 나라 당과 국가가 혁명과 건설에서 나서는 모든 문제를 자신의 독자적인 판단과 결심에 따라 자기 인민의 이익에 맞게 처리하며 자기의 문제는 어디까지나 자신이 책임지고 자체의 힘으로 해결해나가는 입장"을 말하는 것으로, 북한사회의 최고 명제라고 할 수 있다. 따라서 자주성(혹은 주체성)은 북한 주민들의 삶 자체를 규정해온 하나의 조건이다. 발생사적 측면에서 볼 때 식민지 상황을 탈피하고 사회주의 국가를 건설한 북한으로서는 이 자주성 테제가 주체사상이 지닌 강한 저항민족주의적 단면을 보여주는 것이기도 하다.

한편 경제 분야에서의 자립 노선은 자력갱생의 기치 아래 정치에서의 자주와 밀접하게 연관되면서 북한 경제의 기본 노선이 되었다. 이 자립 노선은 소련의 사회주의적 국제분업 구상에 대항하면서 원조 중단이라는 값비싼 대가를 치르고 1960년대 초반에 확립되었다. 그러나 실제로 북한 역사를 통틀어 북한 경제는 한 번도 완전한 자립경제를 달성해본 적이 없었다. 비교적 경제 사정이 괜찮았던 1960년대에도 북한은 연간 50만 톤 이상의 밀을 소련으로부터 도입해야 했으며, 상당량의 역청탄, 석유 등 연료자원도 중·소로부터 원조나 '우대가격' 형태로 들여왔다. 그렇지만 전반적으로 볼 때 북한 경제는 자기 완결성을 가지는 자립경제구조를 지향했고, 그래서 자력갱생의 기초인 중공업 분야에 투자를 집중시켰다. 그러다 보니 북한 경제에서 국제분업은 부차적인 관심사일 뿐이었다.

그런데 자주성 테제는 북한이라는 국가의 공동체적 주체성을 확보하는 데는 상당한 기여를 했지만 다른 측면에서는 다음과 같은 이유로 북한사회에 부정적인 영향을 미쳤다.

첫째, 북한 역사 속에서 자주성 테제는 '조선민주주의인민공화국'이라는 공동체의 자주성을 의미할 뿐, 이 테제가 강조될수록 북한 '인민'은 거꾸로 역사의 피동체가 되었다. 우리는 흔히 한 공동체의 대외적 자주성 실현이 곧 그 공동체 개별 구성원들의 자주성을 실현하는 것이기도 하다고 단정한다. 그러나 반드시 그렇지는 않다. 예컨대, 북한에서는 국가의 자주성이 북한 주민의 자주성을 실현해주지 못했다. 2장 스페셜 테마에서 살펴본 것처럼 주체사상은 사회 역사 원리에서 '지도와 대중의 결합' 테제를 통해 혁명적 수령관을 자신의 체계 속에 편입시킴으로써 자주성 실현의 주체인 인민대중을 사실상 역사에서 피동적인 위치로 전락시킬 위험성을 내재하게 되었다. 다시 말해서 이 테제는 모든 인민대중을 수령을 향한 수직적이고 동심원적인 구심력 속에 편제시킴으로써 결과적으로 피동적 위치로 떨어뜨릴 위험성을 내포한 것이다. 실제로 북한은 수령을 향한 극단적인 개인숭배 속에서 대외적으로 자주성을 발휘했지만, 그 '북한'에 사는 인민대중은 역설적으로 기계적 피동체로 전락하고 말았다.

둘째, 자주성 테제에 입각한 경제 노선도 중공업 발전에 강조점을 두다

자력갱생의 상징, 천리마호 뜨락또르

1958년 러시아제 트렉터를 개조하여 자체 개발한 천리마호 뜨락또르(트렉터)는 북한 자립경제의 상징이다. 북한은 1960년대 초반부터 자력갱생의 기치하에 자립경제를 지향했지만, 한 번도 완전한 자립경제를 달성하지 못했다. 수령을 향한 극단적인 개인숭배로 자주성의 주체인 인민대중은 기계적 피동체로 전락해버렸으며, 경제의 비정상적인 운영은 심각한 경제난을 초래하는 원인이 되었다.

가 소비재 부문의 상대적 저발전 상태를 초래했으며, 대외 경제관계를 비정상적으로 축소시킴으로써 오히려 스스로 발전을 속박시켰다. 특히 북한 경제는 원래 연료자원 기반이 협소하고 경작유용면적이 부족하며, 내부 축적자본이 미약하고 기술 수준이 낙후했기 때문에, 이를 보완하기 위해 대외 경제관계를 확장시켜야 했다. 그러나 자주성 테제의 영향 아래 자립경제 노선이 지나치게 비탄력적으로 운용되었다.

'정치 우선 사고'의 한계

북한 지도부가 모든 사업에서 견지해야 할 사업 태도로 강조해온 정치 우선의 사고(사상론) 역시 북한 사회주의의 침체에 한몫을 했다. 북한에서 모든 사업의 기본은 '사람과의 사업', 즉 정치 사업이다. 이 명제는 "혁명 투쟁에서 결정적인 역할을 하는 것은 인민대중의 자주적인 사상의식"이라는 주체사상의 원리에 기초해 제시되었다.

북한에서 정치 사업의 사전적 의미는 "간부들과 당원들과 군중을 하나의 사상의지로 무장시켜 당과 수령의 두리에 묶어세우며 그들을 당 정책 관철에로 불러일으키는 조직 정치 사업"이다. 정치 사업은 사람을 교양하는 사업과 발동하는 사업을 핵심 내용으로 한다. 여기서 사람을 교양하는 사업은 주로 "사람을 정치 사상적으로 각성시키고 준비시키는 일"을 말하며, 사람을 발동하는 사업은 선동 사업과 같이 주로 "사람의 정치 사상적 열의가 혁명 실천에서 실제적으로 빛을 발하도록 하는 일"로 규정된다.

이런 정치 사업이 전개되는 형식과 방법으로는 회의, 강연, 담화, 경제 선동, 영화실효투쟁, 예술 공연, 노래 보급 등이 있다.

북한에서 정치 사업은 생산 현장에서 벌어지는 다양한 형태의 전투적 구호나 대중운동을 뒷받침하는 동력이 되어왔다. 예컨대 "온 사회를 주체 사상화하자!", "사상도 기술도 문화도 주체의 요구대로!", "우리식대로 살아나가자!", "생산도 학습도 항일유격대식으로!" 등의 구호는 정치 사업 우선의 전통에 기초한 것이다. 또한 공산주의적 대중운동의 상징이 된 천리마 작업반운동이나 3대혁명 붉은기 쟁취운동(사상혁명, 기술혁명, 문화혁명을 전개하여 사회주의 건설을 다그치기 위한 대중운동), 숨은 영웅들의 모범을 따라 배우는 운동, 속도전, 속도창조운동 등의 대중운동 역시 대중의 '혁명적 열의'를 발동해내기 위한 정치 사업 우선의 전형들이다.

북한 이론가들은 정치 우선의 사업 방식을 뒷받침하기 위해 "문화 일반으로부터 사상을 분리해내고 사상의식이 모든 것을 결정한다는 사상론" 까지 내놓았다. 이 사상론에 의하면 "물질만능의 원리가 작용하는 자본주의사회에서 돈이 생명이라면, 인민대중이 주인으로 되고 있는 사회주의사회에서는 사상이 생명"이고 "자본주의사회에 비한 사회주의사회의 우월성은 바로 사상의 우월성이며 사회주의의 위력은 다름 아닌 사상의 위력"이라고 한다. 즉 사상결정론인 것이다.

그런데 이 '사상론'에는 다음과 같은 문제점이 있다. 첫째, 대중의 사상의식을 극단적으로 강조하는 주관주의적 오류이다. 사상혁명을 사회주의의 생명선으로 강조하고 사회주의와 자본주의를 나누는 기준마저 "사상의 위력"에서 찾는 데서 이 주관주의가 잘 나타난다. 사회주의를 '사상'을 기준으로 해석함으로써 결국 사회주의가 존재하는 중요한 근거인 '대중의 풍요한 삶'의 성취를 부차적인 과제로 만들어버리는 것이다. 그러나 과연 경제적 삶으로부터 자유롭고 경제적 삶마저도 규정하는 '사상'이 존재할 수 있을까? "혁명적 정신은 아주 귀중한 것이다. 혁명적 정신이 없으면 혁명적 행동도 있을 수 없다. 그러나 혁명은 물질적 이익의 기초 위에서 생기는 것이다. 만약 희생정신만 강조하고 물질적 이익을 중시하지 않는다면 그것은 관념론이다"라는 덩샤오핑의 말처럼, 사회주의사회가 실현된 뒤 인민대중을 사상의식화하는 일은 장기적으로 볼 때 단순히 비전에만 의존할 수 없으며 '발전하는 사회주의 현실'을 보여주고 물질적 욕구를 채워주는 것과 병행되어야만 가능하다.

사실 '사상론'에서처럼 물질적 풍요의 문제가 논의에서 부차화되는 것은 사회주의로부터의 일탈이라고 말할 수 있다. 왜냐하면 사회주의는 빈곤과 궁핍에 기초해서는 성립할 수 없기 때문이다. 만약 그런 사회주의가 있다면, 그것은 소련의 독재자 스탈린의 말대로 사회주의가 아니라 사회주의를 희화화戱畵化한 것이다.

둘째, '사상론'의 방식으로 이루어지는 생산력 발전에는 명백히 한계가 있다. 유일체제하의 경제 방식은 '사상론'에 입각한 속도전 방식이다. 그러나 '사상론'은 생산력 발전의 질적 상승을 도모하는 데 한계를 지닌다. 생산력 발전을 위해서는 양적 발전을 뜻하는 외연적 발전과 질적 발전을 뜻하는 내포적 발전의 두 개의 길이 있다. 한 사회가 발전하기 위해서는 초기의 낮은 생산력 수준에서는 주로 외연적 발전이 추구되지만, 일정한 수준에 오르면 외연적 발전은 한계에 부딪치게 되고, 새로운 도약을 위해 내포적 발전이 요구된다. 이때 내포적 발전을 가능하게 하는 주요 요인 중 하나가 높은 창의력을 바탕으로 한 기술혁신이다.

그런데 '사상론'이나 동원화를 바탕으로 하는 속도전적 경제 방식은 상대적으로 외연적 발전에 부합하는 경제 지침이다. 내포적 발전 단계로 이행하는 과정에서도 '사상론'은 여전히 생산력 발전의 과제를 정치 사업 중심으로 풀고자 하지만, 이는 대중의 개성과 창의력에 바탕을 둔 기술혁신을 오히려 어렵게 한다. '공작기계 새끼치기운동'(공장·기업소에 있는 공작기계마다 기본 계획 외에 추가로 한 대 이상의 공작기계를 생산하자는 대중운동으로, 1959년 김일성이 발기함)에서 드러나는 것처럼, 속도전적 경제 방식은 산술적 증산에서는 위력을 발휘한다. 그러나 이 경제 방식은 기술혁신 단계에서는 오히려 역기능적이었다. 때때로 이 방식은 열악한 연구 조건(환경)마저 인간의 '혁명적 의지'로 극복하기를 요구하지만, 근본적으로 이런 식으로는 획기적인 생산력 증대를 가능하게 할 기술혁신을 기대하기 어렵다.

결국 속도전적 경제 건설 방식은 외연적 성장 단계에서는 효과를 볼 수 있어도 경제가 내포적 발전 단계로 접어들면서는 자기 한계를 노출할 수밖에 없다. 바로 이 속도전적 경제 방식의 한계가 오늘날 북한 경제에 그대로 반영되어 있다. '사상론'은 북한 경제가 내포적 발전 단계로 이행해야 할 1960년대 중반부터 발전 지체 현상에 부딪쳐 오늘에 이르는 원인의 일단을 설명해주고 있는 것이다.

북한 역사 시기구분하기

역사에서 시기구분은 어느 측면에 중심을 두고 역사를 바라보느냐에 따라
달라진다. 북한 역사도 보는 관점에 따라 여러 가지 시기구분이 가능하
다. 그중에서도 혁명 단계별 구분과 정치적 변동에 따른 구분, 경제 발전 단계별
구분, 조선노동당 당 대회를 기준으로 한 구분 등 네 가지가 대표적이다. 여기서
는 이 네 가지를 중심으로 북한 역사 시기구분의 의미와 특징을 살펴보기로 한
다.

혁명 단계별 구분

가장 보편적으로 사용되는 북한 역사의 시기구분은 혁명 단계별 구분이다. 1945
년 8월 해방 직후, 북한사회는 남한과 마찬가지로 사회 각 부분에 일제의 식민지
적 잔재가 남아 있고 봉건적 요소들이 온존해 있었다. 따라서 북한혁명의 주체
들은 이런 요소들을 일소하기 위해 '반제 반봉건 민주주의 혁명'이라 불리는 개
혁을 수행했다. 북한에서 '민주개혁'이라고도 부르는 이 혁명은 1946년에 집중
적으로 이루어졌으며, 대체로 1946년 말에 이르러 어느 정도 완결되었다.

1947년부터 북한사회는 '반제 반봉건 민주혁명'의 성과를 공고히 하며 점차 사회주의사회로 이행하기 위한 혁명을 추진해나갔다. 따라서 북한의 이론가들은 스스로 이때부터를 사회주의 혁명 단계로 보고 있다. 사회주의 혁명이 완결되는 시기는 농업 협동화나 개인 상공업의 사회주의 개조가 마무리된 1950년대 말이다. 보다 정확히 한다면, 1958년경에 사회주의로의 이행이 대체로 완료되었다. 그러나 사회주의로의 이행에서 종료 시점이 명쾌하게 구분되지는 않기 때문에, 그 시점은 보통 1950년대 말로 보는 것이 일반적이다. 1950년대 말 이후의 북한사회는 전체 사회의 사회주의 이행이 완결되어 사회주의 국가의 모습을 갖추게 되었다. 따라서 1960년대부터는 혁명 단계상 사회주의 건설기로 볼 수 있으며, 공식적으로는 오늘의 북한도 이 단계에 있다고 할 수 있다.

정치 변동에 따른 구분

오늘날 북한사회에서는 최고지도자의 역할이 극단적으로 강조되고 있다. 이런 현상은 북한의 국가 형성 이래 몇 차례 정치적 변동을 거치면서 지속적으로 강화되었다. 따라서 지도 체계의 변화를 기준으로 북한 역사를 시기구분하는 것도 가능하다. 주로 정치사적 관점에서 이루어지는 이 시기구분은, 김정일 체제의 역사적 성격을 보다 깊이 이해하는 데 도움을 준다.

정치 변동에 따른 시기구분에서 북한 역사는 정치연합(1945~1950)—단일 지도 체계 시기(한국전쟁~1967)—유일 지도 체계 시기(1967~현재)로 나뉜다. 단일 지도 체계 시기는 다시 단일 지도 체계 지향 시기(1950~1956. 2), 사이비 집단 지도 체계 시기(1956. 3~1960년경), 단일 지도 체계 시기(1961~1967)로 세분화할 수 있다.

해방 당시 북한 지역에는 민족해방운동 경력을 지닌 다양한 좌익 세력이 분화

상태로 존재하고 있었다. 때문에 북한의 권력구조는 다양한 세력을 하나로 묶는 정치연합의 형태를 띨 수밖에 없었다. 초기 북한 정치는 바로 이런 정치연합의 상태에서 출발하여 점차 김일성 중심의 단일 지도 체계로 이행했고, 나아가 유일 지도 체계로 완성되었다.

북한에서 국가 형성 초기에 권력구조 내에서 정치연합이 이루어진 것은, 일제 치하였던 1928년에 조선공산당이 해산된 이래 공산주의자들이 통일된 혁명 조직을 꾸리지 못하고 분산적으로 대일투쟁을 전개하다가 해방을 맞이했기 때문이다. 이런 사정 때문에 어느 세력도 해방 공간에서 혁명을 주도할 유일 정통성을 내세울 수 없었다. 김일성도 쉽사리 그의 헤게모니를 관철시키기 어려웠다. 뒷날 김일성이 "해방 직후인 1946년이나 1947년, 1948년에는 과거 혁명 사업을 하던 사람들에 대하여 따로 말해야 하였다"고 회고했을 정도로, 당시 이들은 일제하 투쟁 경력 때문에 누구 할 것 없이 통제할 수 없는 권위를 나누어 갖고 있었다.

물론 그중에서도 김일성은 항일투쟁 경력과 항일유격대라는 물리력을 가지고 있었으며, 소련의 후원까지 받고 있어서 권력의 중심으로 부상하는 데 가장 유리한 위치에 있었다. 하지만 오랜 투쟁 경력을 갖춘 다른 공산주의 지도자들이 그의 배타적인 지도력을 쉽사리 인정하려 하지 않았다. 이런 상황이 해방 초부터 공산주의자들을 분화시키고 파벌화했다. 그리고 각 분파들은 북한이라는 국가 건설에 자신의 몫을 가지고 참여하면서 국가 지도부를 균점했다. 이를 가리켜 정치연합이라고 부른다.

북한에서 정치연합 시기는 한국전쟁을 계기로 소멸되었다. 대신 김일성 절대 권력을 지향하는 단일 지도 체계가 들어섰다. 단일 지도 체계는 김일성을 중심으로 하는 항일유격대 출신 세력이 한국전쟁 중 박헌영, 허가이, 무정 등 주요 정치적 라이벌들을 숙청하면서 형성되었다. 그러나 이 지도 체계는 1956년 2월에 열린 소련공산당 제20차 대회에서 흐루시초프가 스탈린 개인숭배를 비판하면서 잠시 흔들렸다. 당시 북한의 정치 체제는 소련공산당의 스탈린 개인숭배 비판과 집단 지도 체계로의 전환에 크게 영향을 받았다. 그 영향으로 북한에서도 김일성 단일 지도 체계가 약화되고, 집단 지도적 성격을 지닌 정치구조가 만들어졌다. 그러나 이는 형식이었을 뿐, 내용적으로는 사실상 김일성 단일 권력 체계가 여전히 가동되고 있었다. 따라서 이 시기를 사이비 집단 지도 체계 시기로 부를 수 있다. 북한에서 사이비 집단 지도 체계는 '8월 전원회의 사건'을 거치면서 1950년대 말에 이르러 소멸되었으며, 대신 김일성 단일 지도 체계가 명실상부하게 복원되었다.

이미 1장에서 설명한 것처럼, 1967년을 기점으로 북한의 단일 지도 체계는 유일체제의 정치적 밑바탕이 되는 김일성 유일 지도 체계로 변모했다. 유일 지도 체계는 1967년에 모습을 드러내 김정일 후계 체제가 확립되는 1980년경 완성되었다고 볼 수 있다. 이 유일 지도 체계가 전 사회적으로 확대된 것이 유일체제이다.

경제 발전 단계에 따른 구분

북한 역사를 경제적 측면에 중심을 두고 볼 때 경제 발전 단계별 시기구분이 가능하다. 이 경우 북한 역사는 대체로 다음과 같이 시기구분할 수 있다.

반봉건적 요소의 퇴치와 반(半)사회주의적 경제 형태로의 전환 시기(해방~1947. 2)—계획경제 체제의 도입 시기(1947~1949)—전시 산업 체제 시기(1950~1953)—전후

복구 건설 시기(1953~1960)―자립적 민족경제 노선 추구 시기(1960~1980년대)―경제적 침체와 대외 경제관계 확장 추구 시기(1990년대 이후).

그런데 자립적 민족경제 노선 추구 시기는 다시 자립적 민족경제 노선 제창 시기(1960, 70년대)와 자립적 민족경제 체제의 모순 심화 시기(1980년대)로 나눌 수 있다. 이와 같은 시기구분은 김정일 시대가 안고 있는 경제적 난관을 역사구조적 안목에서 바라보는 데 도움을 준다.

한편 북한은 새로운 경제 계획을 추진할 때마다 자신이 성취해야 할 사회적 목표와 경제적 목표를 동시에 제시했기 때문에, 그들이 실시한 경제 계획에 따른 시기구분도 가능하다. 이 경우 그 구분은 다음과 같다.

사회주의의 계획적 발전(1945~1956)―제1차 5개년 계획(1957~1961. 9)―7개년 계획(1961~1970, 3년 계획연장)―6개년 계획(1971~1976)―완충기[1년]―2차 7개년 계획(1978~1984)―완충기[2년]―3차 7개년 계획(1987~1993)―완충기[3년].

여기서 사회주의의 계획적 발전 시기는 다시 계획경제 체제 도입 시기(1947~1949)와 한국전쟁으로 인한 전시 산업 체제 시기(1950~1953), 경제부흥 3개년 계획 시기(1954~1956)로 세분할 수 있다.

위의 시기구분은 북한이 1960년대 이후 매번 계획년도를 설정하고 경제 사회 발전을 추구했지만 그것을 한 차례도 성공적으로 완수하지 못했음을 보여주고 있다. 북한의 선전 매체들은 매번 자신들이 세운 경제 계획이 성공적으로 완수되었다고 발표했지만, 북한 당국은 그때마다 계획연도를 연장하거나 계획 기간 중 발생한 문제점들을 해결하기 위해 다음 계획년도로 넘어가기 전에 조정 기간인 완충기를 두었다. 이런 사실은 1990년대 이후 심화된 북한의 경제난이 일시적 현상이 아니라 누적되어온 계획경제의 실패와 저발전의 결과라는 점을 보여준다.

당 대회를 기준으로 한 구분

북한의 유일당인 조선노동당의 당 대회 개최를 기준으로 북한 역사를 시기구분하는 방법도 있다. 1990년대 말까지 조선노동당 당 대회는 1946년 8월 북조선노동당이 창립된 이래 6차례 열렸다. 그중에서 특히 1961년에 열린 제4차 대회와 1970년에 열린 제5차 대회, 그리고 1980년에 열린 제6차 대회는 북한 사회 발전 과정에서 특별한 전환의 의미를 지니고 있었다.

제4차 대회는 김일성 단일 지도 체계의 확립을 공식적으로 확인한 대회였다. 또한 이 대회는 북한사회가 사회주의의 전면적 건설과 공업화로 이행하는 전환점이 되었다. 제5차 대회의 경우 사회주의 완전 승리의 조기 쟁취를 위한 투쟁과 3대혁명의 수행을 선언한 대회였다. 뿐만 아니라 유일체제가 형성되고 본격적으로 김정일이 후계자로 부상하는 계기가 된 대회이기도 했다. 제6차 대회는 김정일 후계 체제를 공식화한 대회였다.

조선노동당 제4, 5, 6차 대회를 시기구분의 기준으로 삼는 또 하나의 이유는, 이 대회들이 대체로 십 년 단위의 출발점에서 열렸기 때문에 그만큼 시기구분에 용이하기 때문이다. 특히 북한 역사를 단순히 혁명 단계별로만 시기구분할 경우, 1960년대 이후 약 30여 년간을 하나의 시기로 보고 설명해야 하기 때문에 당 대회를 기준으로 한 시기구분은 혁명 단계별 시기구분을 보완하는 의미가 있다.

기타 구분

북한 역사를 시기구분할 때 고려해야 할 또 다른 사항은 한국전쟁과 사회주의 진영의 몰락, 김일성 사망 등이다. 먼저 한국전쟁 기간인 1950~1953년은 혁명 단계별로 보면 사회주의 혁명 시기에 속한다. 그러나 한국전쟁은 우리 민족사에 거대한 전환을 초래한 사건이었으며, 이는 북한 역사에서도 마찬가지였다. 한국전쟁은 북한사회를 완전히 황폐화시켰고, 북한으로 하여금 무력에 의한 단기적인 통일이 불가능함을 깨닫게 함으로써 북한 지역에서의 일방적인 사회주의 혁명을 가속화시켰다. 또 정치적으로는 김일성 단일 지도 체계를 확립하는 중요한 계기가 되었다.

사회주의 진영의 붕괴 역시 북한 역사에서 중요한 전환점이 되었다. 북한에게 사회주의 진영의 붕괴는 소련 등 사회주의 우방국들의 상실을 의미했으며, 그동안 북한이 무상원조와 우대가격이라는 특혜 속에서 부족한 물품을 공급받았던 사회주의 국제시장의 소멸을 의미했다. 중국의 개혁개방 정책의 가속화는 사회주의적이고 중앙집권적인 완고한 계획경제를 고집하는 북한으로 하여금 경제적·외교적 고립의 길로 들어서게 했다. 이런 상황에 직면하여 북한은 내부자원의 고갈로 발생한 경제난 해소를 위해 새로운 자구책을 모색하지 않을 수 없었다. 이처럼 사회주의 진영의 붕괴는 북한 체제의 생존 방식 변화를 극적으로 강요한 중대 사건이었다.

김일성의 사망도 북한 역사를 가르는 중요한 경계선이 된다. 1994년 7월 8일 김일성의 사망으로 북한에서는 한 시대가 막을 내렸으며, 그 이후 김정일 시대라고 부를 수 있는 새로운 역사가 전개되었다. 그러나 다른 한편 김정일은 1974년에 후계자로 공인된 이후 북한사회 전반을 김일성과 공동으로 통치해왔다. 특히 1990년대 들어서는 김정일이 사실상 당·정·군 전반을 장악하고 있었다. 따라서 김일성의 사망을 기준으로 김정일 시대를 나눈다는 것은 너무 형식 논리를 따르는 것이 아니냐는 비판이 있을 수 있다. 그럼에도 김일성 사망은 북한 역사에 가장 큰 획을 긋는 사건이었으며, 실제로 북한사회에 큰 충격과 파장을 주었다. 따라서 이미 후계자로서 북한사회 전반을 통치해온 김정일이었지만, 그에게 '김일성 없는 시기'를 이끌어간다는 것은 새로운 경험이며 도전일 수밖에 없었다. 더욱이 이 시기는 심각한 경제난으로 상징되는 북한의 체제 위기가 겉으로 드러난 때이기도 했다.

북한의 공식 규범과 주민의 의식구조

북한 주민들의 가치관과 의식구조에는 위로부터 주어지는 공식 규범과 아래로부터 형성된 현실 인식이 결합되어 있다. 공식 규범이란 하나의 공동체가 사회구성원들에게 부과한 것으로, 그 공동체가 지키고 실현하고 나아가야 할 가치를 나타낸다. 이 규범은 공동체가 합의한 가치일 수도 있고, 아니면 국가권력이 강제적으로 제시한 통치담론일 수도 있다. 북한의 경우 전통적 가치가 전자에 해당된다면, 정치·경제와 관련된 공식 규범은 후자의 성격을 강하게 지닌다.

북한의 공식 규범은 대중 학습용 공간 문헌과 신문, 학술 잡지, 김일성·김정일 저작 등을 통해 주민들에게 주입된다. 북한에는 공식 규범을 비판할 수 있는 대항적 매체가 없기 때문에, 거의 모든 출판물은 공식 규범이라고 규정해도 틀리지 않다. 그러나 북한 주민들의 실제적인 가치관이 공식 규범과 반드시 일치한다고 보기는 어렵다. 북한 주민들은 분명 공식 규범의 영향을 강하게 받고 있지만, 그들의 가치관과 의식구조는 어느 정도 공식 규범으로부터 일탈된 측면도 보여주기 때문이다.

따라서 북한 주민들의 실제적 가치관을 분석하는 것은 매우 어려운 일이다. 일반적으로 사회주의 국가의 주민들은 의식 표현에서 이중성을 드러낸다. 학자들은 이를 선호 위장(preference falsification)이라는 개념을 통해 설명한다. 과거 동구 사회주의 체제에서 주민들은 개인적인 선호와 공적인 선호라는 이중적인 의식을 가지고 있어서, 공식적인 자리에서는 국가가 요구하는 방식대로 행동하지만 사적인 자리에서는 개인의 이익에 부합되는 또 다른 가치관과 행위 양식을 가지고 있었다고 한다. 이 선호 위장은 민주주의가 덜 발달한 사회일수록 발달한다.

북한 주민들의 실제적 가치관을 분석하는 것이 매우 어려운 까닭은 이런 이중성이 있기 때문이다. 게다가 현지 사례 조사가 불가능하기 때문에 더욱 그렇다. 이런 이유로 북한 주민들의 실제적인 가치관과 의식구조를 조사하는 데는 탈북자의 증언, 외부 방북자의 관찰기 등 다양한 간접 조사 방식이 활용되고 있다.

공동체의 의식과 가치관은 다양한 형태로 형성되고 변화한다. 관습이나 전통처럼 과거로부터 일상화되어온 규범이 있는가 하면, 대중적인 학습 체계를 통해 교육된 규범도 있다. 특히 북한사회는 사상 우위의 사회라는 점에서, 이 사회의 공식 규범은 대부분 위로부터 교육되며 이를 위해 대중 학습 체계가 중요한 역할을 한다.

그러나 아무리 국가가 공식 규범을 주입해도 사회경제적 조건이 변화하면 그에 따라 주민들의 의식 및 가치관은 변화하게 마련이다. 실제로 1990년대부터 북한사회에 급격히 확산되기 시작한 다양한 사적 자율화 현상은 북한 주민들의 가치관을 변화시켜왔다. 그 변화는 공식 규범이 강조하는 집단주의·희생정신·동지애적 의리 같은 가치가 쇠퇴하고, 개인주의·이기주의·물질주의 등의 가치가 확산되는 방향으로 일어났다. 북한 지도부는 '우리식 사회주의'와 '사회주의 대가정'을 외치며 북한 체제의 우월성을 강조했지만, 북한 체제의 미래를 낙관적으로 보는 북한 주민들은 점점 줄어들었다.

최고지도자인 수령이 "이밥에 고깃국"을 먹게 해주겠다던 약속을 지키지 못하면서 그에 대한 주민들의 신뢰도 많이 떨어졌으며, 그 결과 혁명적 수령관이나 사회정치적 생명체론을 믿는 사람들도 줄어들었다. 국가에 대한 불신은 주민들의 의식을 '공공 영역'보다 자신의 '사적 영역'을 우선시하는 개인주의로 향하게 만들었다. 북한 지도부가 광범한 대중 학습망을 통해 끊임없이 대중에게 공식 규범을 주입했음에도 주민들의 가치관은 변화하고 있다. 그 원인은 다음과 같다.

첫째, 경제 침체가 중요한 원인이다. 식량이나 생활필수품 등의 국가 배급이 제때 계획대로 이루어지지 못하기 때문에, 주민들은 생존을 위해 대안적 방법을 추구할 수밖에 없다. 예컨대 물자 빼돌리기, 암시장에서의 교환, 뇌물수수, 절도, 직장 이탈 등의 갖가지 일탈 현상들이 그것이다.

둘째, 대외 경제관계의 활성화이다. 중국과의 변경 무역이 활성화되고 대외 무역이 강조되면서 주민들 사이에서 물질적 이익을 추구하는 경향이 증가했다. 젊은이들은 조선노동당에 입당하는 대신 외화나 상품에 접근할 수 있는 무역 일꾼, 창고장, 물자관리원, 운전기사 등이 되려고 애쓴다.

셋째, 외부로부터의 정보 유입이다. 중국과의 활발한 경제 교류나 남북관계 개선은 북한사회에 외부 세계의 정보가 전달될 통로를 넓혀주었다. 외부 정보를 접한 주민들은 외부 세계와 자기 체제를 비교함으로써 북한의 선전 매체들이 주입한 기존의 공식 규범에 대해 회의감을 갖게 된다.

이상의 요인들로 인해 북한에서는 국가의 공식 규범 체계가 침식되고 개인주의 · 물질주의적 가치관이 확산되어왔다. 그 결과 북한 주민의 실제적인 가치관은 공식 규범으로부터 일정하게 일탈된 모습을 보이게 되었다.

부록

1945년
8월 15일 해방
8월 17일 평안남도 건국준비위원회 결성
9월 19일 김일성 원산으로 귀국
10월 13일 서북 5도 당책임자 및 열성자대회
10월 20일 조선공산당 북조선분국 조직
11월 3일 조선민주당 창당
12월 13일 조선독립동맹 간부 일행 귀국
12월 16일 모스크바 삼상회의 개최

1946년
1월 2일 조선공산당 북조선분국 등 5개 단체,
　　　　삼상회의 결정 지지성명
2월 8일 북조선 임시인민위원회 발족
2월 16일 화북 조선독립동맹, 조선신민당으
　　　　로 개칭
3월 5일 토지개혁 법령 통과
3월 20일 제1차 미소공동위원회
3월 23일 김일성, 「20개조 정강」 발표
7월 22일 북조선민주주의민족통일전선 결성
8월 10일 중요산업 국유화에 관한 법령 발표
8월 28일 조선신민당과 북조선공산당 합당,
　　　　북조선노동당 결성
9월 1일 북조선김일성대학 개교
11월 3일 인민위원회 선거(~47. 3. 5)

1947년
2월 22일 북조선 인민위원회 성립
12월 6일 화폐개혁 실시(~12. 12)

1948년
2월 8일 조선인민군 창건
4월 19일 남북 제정당 사회단체 대표자 연석
　　　　회의 개최
8월 25일 조선 최고인민회의 선거 실시
9월 8일 조선민주주의인민공화국 헌법 채택
9월 9일 조선민주주의인민공화국 선포, 김일
　　　　성 수상 취임, 내각 조직

1949년
6월 25일 북민전과 남민전 통합, 조국통일 민
　　　　주주의전선 결성
6월 30일 남로당·북로당, 조선노동당으로 합
　　　　당

1950년
6월 25일 한국전쟁 발발
6월 28일 인민군 서울 점령
9월 15일 유엔군 인천상륙작전
10월 19일 평양 함락, 중국 인민지원군 참전

1951년
7월 10일 개성에서 정전회담 개시
12월 25일 희천공작기계공장 건설 착공

1952년
4월 12일 만경대, 보천보 김일성기념관 건립
10월 9일 과학원 창립

1953년
3월 박헌영 등 남로당 핵심 간첩 혐의 체포
7월 2일 허가이 자살
7월 27일 휴전협정 정식 조인
8월 3일 이승엽 등 간첩사건 재판(~8. 6)
8월 5일 조선노동당 중앙위원회 제6차 전원
　　　　회의(~8. 9)

1954년
4월 20일 인민경제복구 3개년 계획에 관한
　　　　법령(1954~1956) 채택
10월 3일 중국 인민지원군 7개 사단 철수

1955년
2월 15일 외무상 남일, 대일 국교 수립 제의
4월 20일 김일성 모스크바 방문
5월 25일 재일본 조선인총연합회(총련) 결성
12월 15일 박헌영 사형판결

1956년
2월 2일 제20차 소련공산당 대회, 스탈린 개
　　　　인숭배 비판, 평화공존론 제시
4월 23일 조선노동당 제3차 대회(~4. 29)
6월 1일 김일성, 전후 복구 자금 마련 위해
　　　　소련 및 동유럽 순방(~7. 19)
8월 30일 노동당 중앙위원회 전원회의. 8월
　　　　전원회의 사건 발발

1957년
1월 1일 제1차 5개년 계획 시작

1958년
3월 3일 노동당 제1차 대표자대회(~3. 6), 천
　　　　리마운동 시작
8월 말 농업 협동화 완료

1959년
3월 8일 '천리마 작업반운동' 발기
12월 16일 재일 교포 북송선 첫 도착(975명)

1960년
2월 8일 김일성 청산리방법 제시
8월 14일 김일성 7개년 계획 발표, 남북 연방
　　　　제 통일 방안 제의

1961년
7월 6일 조·소 우호협조 및 호상원조에 관한
　　　　조약 체결
7월 11일 조·중 우호협조 및 호상원조에 관
　　　　한 조약 체결
9월 11일 조선노동당 제4차 대회(~9. 18),
　　　　경제 발전 7개년 계획 확정
12월 16일 대안의 사업 체계 수립

1962년

10월 12일 조·중 국경조약 체결

10월 29일 『로동신문』 쿠바 사태와 관련 소련 비판 기사 게재

11월 23일 외무성, 중·인 국경전쟁 관련 중국 지지성명 발표

12월 10일 노동당 중앙위원회 제4기 5차 전원회의(~12. 14), 국방·경제 병진 노선, 4대 군사 노선 추진

1963년

4월 4일 대안전기공장에 첫 '천리마공장' 칭호 수여

10월 28일 『로동신문』 사설, 소련을 현대수정주의라고 비판

1964년

3월 9일 사회과학원 신설

4월 1일 김정일 조선노동당 중앙위원회 배속

1965년

2월 11일 소련 수상 코시긴 북한 방문, 북한−소련 관계 정상화

4월 9일 김일성 반둥회의 10주년 기념식 참석차 인도네시아 방문

1966년

8월 12일 『로동신문』 사설 「자주성을 옹호하자」, 독자적 자주 노선 선언

10월 5일 조선노동당 제2차 대표자회의 4대 군사노선 재확인(~10. 12)

1967년

1월 25일 조선중앙통신, 북한 체제위기설 유포 및 김일성 비판 내용의 홍위병 대자보 부인·공박

5월 4일 조선노동당 중앙위원회 제4기 15차 전원회의(~5. 8), 박금철·이효순 등 갑산파 숙청, 유일사상 체계 확립

12월 14일 최고인민회의 제4기 1차 회의, 공화국 10대 정강 발표(~12. 16)

1968년

1월 21일 북한 무장 게릴라부대 청와대 기습

1월 23일 미국 해군함정 푸에블로호 나포

12월 23일 푸에블로호 승무원 83명(시체 13구 포함) 석방

1969년

12월 11일 대한항공 KAL기 납북

1970년

4월 5일 저우언라이 방북, 북·중관계 회복

11월 2일 조선노동당 제5차 대회, 인민경제
　　　　6개년 계획 제시(~11. 13)

1971년

11월 1일 김일성, 비공개 중국 방문(~11. 3),
　　　　한반도 문제 관련 북한 요구에 대
　　　　한 미국 측 입장 확인
11월 20일 남북 적십자 예비회담에서 남북
　　　　당국자 최초 접촉

1972년

1월 26일 박성철 내각 부수상 중국 방문
3월 7일 저우언라이 평양 방문, 북한 지도부
　　　　에 미·중회담 경과 설명
7월 4일 7·4 남북공동성명 발표. 자주·평화
　　　　통일·민족 대단결의 조국통일 3대
　　　　원칙 제시
12월 27일 조선민주주의인민공화국 사회주
　　　　의 헌법 채택

1973년

2월 10일 3대혁명소조운동 발기
6월 23일 김일성, 조국통일 5대 방침 발표,
　　　　고려연방공화국 제안
9월 17일 김정일, 당중앙위원회 비서국 조
　　　　직·선전 담당 비서로 선임(제5기 7
　　　　차 전원회의)

1974년

2월 13일 김정일 당중앙위원회 정치위원 피
　　　　선, 후계자로 공인(제5기 8차 전원
　　　　회의)
2월 19일 김정일 '온 사회의 김일성주의화'
　　　　(주체사상화) 선포
9월 16일 국제원자력기구(IAEA) 가입

1975년

1월 1일 김정일 '전군의 주체사상화' 선포
8월 25일 비동맹 외무장관회의에서 비동맹
　　　　운동 정식 회원국 가입
12월 1일 3대혁명 붉은기 쟁취운동 개시

1976년

7월 23일 키신저 미 국무장관, 한반도 문제와
　　　　관련해 4자회담, 교차승인, 남북한
　　　　유엔 동시가입 제시
8월 18일 판문점 미루나무사건 발생
8월 19일 김일성, 판문점 미루나무사건 관련
　　　　해 전군에 전투태세 돌입명령 하달

1977년

4월 11일 김정숙 따라배우기운동 전개
7월 1일 200해리 경제수역 선포

1978년
1월 1일 2차 7개년 계획(1978~1984) 시작
4월 18일 사회주의노동법 채택

1979년
4월 3일 김정일, 김일성훈장 수훈(첫번째)
8월 12일 제1차 재일 동포 단기 조국방문단
　　　　 니가타항 출항

1980년
10월 10일 조선노동당 제6차 대회, 사회주의
　　　　 경제 건설의 10대 전망 목표, 고려
　　　　 민주연방공화국 통일방안 제시

1981년
12월 5일 사회과학원 민족고전연구소,『리조
　　　　 실록』한글 번역 완료

1982년
4월 11일 김일성경기장 준공
4월 15일 주체사상탑 제막
7월 9일 김책제철소 노동자궐기대회, '80년
　　　　 대 속도창조운동'의 전국 확산

1983년
2월 1일 팀스피리트훈련 관련 전군 준전시상

태 돌입
10월 9일 미얀마 아웅산사건 관련 대남 비난
　　　　 성명 발표

1984년
9월 8일 합영법 채택

1985년
12월 12일 북한 핵확산금지조약(NPT) 가입

1986년
12월 30일 김일성, 남북 고위급정치군사회담
　　　　 제의

1987년
4월 23일 「조선민주주의인민공화국 인민경
　　　　 제발전 제3차 7개년(1987~1993)
　　　　 계획에 대하여」 채택
11월 19일 이근모 정무원총리·덩샤오핑, 북·
　　　　 중 총리회담

1988년
9월 3일 서울올림픽 불참 공식 선언

1989년
7월 1일 제13차 세계청년학생축전(~7. 8)

1990년
5월 24일 김정일 국방위원회 제1부위원장으
　　　　로 피선
9월 28일 일본 자민당·사회당, 조선노동당과
　　　　북·일 3당 공동선언 채택
9월 30일 한국과 소련 공식수교 합의

1991년
9월 17일 남북한 유엔 동시 가입
12월 11일 제5차 남북고위급회담(~12. 13),
　　　　　남북 기본합의서 채택
12월 24일 김정일 인민군 최고사령관 피선
12월 28일 나진·선봉 자유경제무역지대 지
　　　　　정(정무원 결정 제74호)

1992년
4월 9일 사회주의 헌법 수정
4월 20일 김정일 원수 칭호 받음
7월 19일 김달현 정무원 부총리 서울 방문,
　　　　남한 기업 북한 투자 촉구(~7. 25)
8월 24일 한·중 국교 수교

1993년
3월 12일 북한 핵확산금지조약(NPT) 탈퇴

4월 9일 김정일 국방위원장 피선
10월 5일 합작법 채택

1994년
1월 20일 외국인 투자 유리하게 합영법 개정
6월 28일 남북정상회담 예비접촉, 「남북정상
　　　　회담 개최를 위한 합의서」 채택
7월 8일 김일성 주석 사망

■ 참고문헌

북한 문헌

신문류 『로동신문』, 『근로자』, 『조선신보』(도쿄), 『조선중앙통신』

사전류 『경제사전』 1·2, 『대중정치용어사전』, 『력사사전』, 『정치사전』, 『철학사전』

- 『조선중앙연감: 1949~1998』, 조선중앙통신사, 1949~1998.

- 『김일성저작선집 1~7』, 조선로동당출판사, 1967~1978.

- 『김일성저작집 1~44』, 조선로동당출판사, 1979~1996.

- 김정일, 『주체 혁명 위업의 완성을 위하여 (1)~(5)』, 조선로동당출판사, 1987.

- 『김정일 선집 (1)~(14)』, 조선로동당출판사, 1992~2000.

- 고영환, 『우리민족제일주의론』, 평양출판사, 1989.

- 권혁, 『일심단결의 대가정』, 평양출판사, 1993.

- 김창하, 『불멸의 주체사상』, 사회과학출판사, 1985.

- 김화종, 『주체의 령도 방법의 계승발전』, 사회과학출판사, 1984.

- 리상걸, 『주체의 당 건설 리론의 전면적 발전』, 사회과학출판사, 1984.

- 박승덕, 『주체사상의 심화발전』, 사회과학출판사, 1984.

- 박태호, 『조선민주주의인민공화국 대외관계사 1』, 사회과학출판사.

- 『영도예술』, 사회과학출판사, 1985(서울: 도서출판 지평, 1989 재발간).

- 『조선로동당력사』, 조선로동당출판사, 1991.

- 『조선민주주의인민공화국 사회주의 헌법 해설』, 인민과학사, 1973.

- 『주체사상의 사회역사 원리』, 사회과학출판사, 1985(서울: 백산서당, 1989 재발간).

- 『주체사상의 지도적 원칙』, 사회과학출판사, 1985(서울: 백산서당, 1989 재발간).

- 『주체사상의 철학적 원리』, 사회과학출판사, 1985(서울: 백산서당, 1989 재발간).

- 『주체의 사회주의 경제 제도』, 평양출판사, 1993.

- 『주체의 사회주의 정치 제도』, 평양출판사, 1992.

- 최성욱, 『우리 당의 주체사상과 사회주의적 애국주의』, 조선로동당출판사, 1966.

- 탁진 외, 『김정일 지도자』, 도쿄: 東邦社, 1984.

- 『프로레타리아 독재국가 건설에 관한 위대한 수령 김일성 동지의 사상』, 사회과학출판사, 1971(도쿄: 구월서방 번각 발행).

- 한중모, 『주체의 인간학』, 사회과학출판사, 1987.

- 『항일 빨찌산 참가자들의 회상기』 1~12, 조선로동당출판사, 1959~69.

남한 문헌

- 고병철 외, 『북한외교론』, 경남대 극동문제연구소, 1977.

- 고영환, 『평양 25시』, 고려원, 1992.

- 권오윤, 『현실 사회주의 북한』, 청목출판사, 2007.

- 김갑철·고성준, 『주체사상과 북한 사회주의』, 문우사, 1988.

- 김동한, 『북한의 법제 정비 동향과 특징』, 통일부 통일교육원, 2007.

- 김성보, 『남북한 경제구조의 기원과 전개—북한 농업 체제의 형성을 중심으로』, 역사비평사, 2000.

- 김연철, 『북한의 산업화와 경제 정책』, 역사비평사, 2001.

- 김연철·박순성 편, 『북한 경제개혁 연구』, 후마니타스, 2002.

- 김영수 외, 『김정일 시대의 북한』, 삼성경제연구소, 1997.

- 김용호, 『현대북한외교론』, 오름, 1996.

- 김운근·김영훈·이일영, 『사회주의 농업의 체제 전환과 북한 농업의 전망―중국과 동독
  의 구조개혁 사례를 중심으로』, 한국농촌경제연구원, 1996.

- 김재용, 『북한 문학의 역사적 이해』, 문학과지성사, 1994.

- 김진계, 『조국 (하)』, 현장문학사, 1990.

- 김학준, 『북한 50년사』, 두산동아, 1995.

- 대동 편집부 편, 『통혁당―역사·성격·투쟁·문헌』, 도서출판 대동, 1989.

- 박재규 편, 『북한의 대외 정책』, 경남대 극동문제연구소, 1986.

- 박재규, 『북한의 신외교와 생존 전략』, 나남, 1997.

- 박형중, 『북한적 현상의 연구』, 연구사, 1994.

- 방찬영, 『기로에 선 조선민주주의인민공화국』, 박영사, 1995.

- 백학순, 『북한 권력의 역사―사상 정체성 구조』, 한울, 2010.

- 세종연구소, 『북한의 경제난 실태와 전망』, 세종연구소 정책과제보고서 96-01, 1996. 8.

- 세종연구소 북한연구센터 편, 『북한의 국가 전략』, 한울, 2003.

- 세종연구소 북한연구센터 편, 『조선로동당의 외곽단체』, 한울, 2004.

- 세종연구소 북한연구센터 편, 『북한의 경제』, 한울, 2005.

- 세종연구소 북한연구센터 편, 『북한의 사상과 역사인식』, 한울, 2006.

- 세종연구소 북한연구센터 편, 『북한의 사회문화』, 한울, 2006.

- 세종연구소 북한연구센터 편, 『북한의 당·국가기구·군대』, 한울, 2007.

- 세종연구소 북한연구센터 편, 『북한의 대외관계』, 한울, 2007.

- 안병우·도진순 편, 『북한의 한국사 인식 1, 2』, 한길사, 1990.

- 양성철, 『분단의 정치—박정희와 김일성의 비교연구』, 한울, 1987.

- 양성철, 『북한정치연구』, 박영사, 1993.

- 와다 하루키 지음, 이종석 옮김, 『김일성과 만주항일전쟁』, 창작과비평사, 1992.

- 이선영·김재용 편, 『한국문학비평자료집 1~8(이북편)』, 태학사, 1993·1994.

- 이온죽, 『북한사회연구—사회학적 접근』, 서울대출판부, 1988.

- 이종석, 『조선로동당연구—지도사상과 구조 변화를 중심으로』, 역사비평사, 1995.

- 이종석, 『분단시대의 통일학』, 한울아카데미, 1998.

- 이종석, 『새로 쓴 현대 북한의 이해』, 역사비평사, 2000.

- 이종석, 『북한—중국 관계 1945~2000』, 중심출판사, 2000.

- 이종석·김연철, 『북한 주민 의식구조 및 가치관 조사』, 통일연수원, 1996. 5.

- 정성장, 『현대 북한의 정치—역사 이념 권력체계』, 한울, 2011.

- 정진위·김용호, 『북한 남북한관계 그리고 통일』, 연세대출판부, 2003.

- 최성, 『북한정치사』, 풀빛, 1997.

- 최완규, 『북한은 어디로—전환기 '북한적' 정치 현상의 재인식』, 경남대출판부, 1996.

- 최종고, 『북한법』, 박영사, 1993.

- 한국농촌경제연구원 북한농업연구센터, 『KERI 북한 농업 동향』, 제1권 3호, 1999. 10.

- 한국사 편집위원회 편, 『한국사 21. 북한의 정치와 사회 1』, 한길사, 1994.

- 황의각, 『북한경제론』, 나남, 1982.

■ 참고문헌

- 김근식, 『북한 발전 전략의 형성과 변화에 관한 연구―1960년대와 1990년대를 중심으로』, 서울대 박사학위논문, 1999.

- 김동한, 『사회주의 헌법상 기본권에 관한 연구―구소련 헌법과 북한 헌법을 중심으로』, 경희대 박사학위논문, 1992.

- 김연각, 『김일성 주체사상에 관한 연구―그 민족주의적 성격에 대한 비판적 분석』, 서울대 박사학위논문, 1992.

- 김영수, 『북한의 정치문화―'주체문화'와 전통정치문화』, 서강대 박사학위논문, 1991.

- 김용현, 『북한의 군사국가화에 관한 연구―1950~60년대를 중심으로』, 동국대 박사학위논문, 2001.

- 이영훈, 『북한의 경제 성장 및 축적 체제에 관한 연구(1956~64년): Kaleckian CGE 모델 분석』, 고려대 박사학위논문, 2000.

- 오병훈, 『북한의 대외경제정책 변화에 관한 연구―위기 상황에서 정책 변화의 역동성』, 고려대 박사학위논문, 1994.

- 장명봉, 『공산권 헌법에 관한 연구―북한의 사회주의 헌법을 중심으로』, 서울대 박사학위논문, 1985.

- 정세진, 『북한의 이차 경제와 지배구조 변화에 관한 연구』, 중앙대 박사학위논문, 1999.

- 정우곤, 『북한 사회주의 건설과 수령제의 형성 과정에 관한 연구(1945~1972)』, 경희대 박사학위논문, 1997.

- 진희관, 『조총련 연구―역사와 성격을 중심으로』, 동국대 박사학위논문, 1998.

- 허문영, 『1980년대 북한의 대중·소 정책 및 대남 정책 연구―중·소 개혁개방화 정책의

영향을 중심으로』, 성균관대 박사학위논문, 1991.

• 「1996년 12월 김일성종합대학 창립 50돌 기념 김정일 연설문」, 『월간조선』 1997. 4.

외국 문헌

• 赤旗編輯局 編, 『北朝鮮覇權主義への反擊』, 東京: 新日本出版社, 1992.

• 赤旗編輯局 編, 『中國覇權主義とのたたかい』, 東京: 新日本出版社, 1992.

• 鐸木昌之, 『北朝鮮社會主義と傳統の共鳴』, 東京大學出版會, 1992(유영구 옮김, 『김정일과 수령제 사회주의』, 중앙일보사, 1994).

• 和田春樹, 『歷史としての社會主義』, 東京: 岩波書店, 1992.

• 王瑞璞·崔自鋒 主編, 『社會主義初級階段黨的基本路線槪論』, 北京: 中共中央黨校出版社, 1991.

• 王泰平 主編, 『中華人民共和國外交史(第三卷) 1970~1978』, 北京: 世界知識出版社.

• 中共黨員大辭典編委會, 『中共黨員大辭典』, 北京: 華齡出版社, 1991.

• 中共中央文獻硏究室 編, 『周恩來年譜 1949~1976 (上)(中)(下)』, 北京: 中央文獻出版社, 1997.

• 中華人民共和國外交部 政策硏究室, 『中國外交 1995~1997年版』, 北京: 世界知識出版社, 1995~1997.

• 陳至立 主編, 『中國共産黨建設史』, 上海: 上海人民出版社, 1991.

• Alan J. Day (ed), *China and the Soviet Union 1949~1984*, Harlow: Longman Group Limited, 1985.

찾아보기

■ 찾아보기